Der Geist ist willig, doch das Fleisch macht schlapp!
Mentale Impotenz und wie man sie überwinden kann
Ein Buch – nicht nur für Männer

Kurt W. Leuze / Hanjo Schmidt

Der Geist ist willig, doch das Fleisch

Mentale Impotenz und wie man sie überwinden kann Ein Buch – nicht nur für Männer

macht schlapp!

Hanjo Schmidt, 49, studierte Kunst, Architektur und Archäologie und liebt es, den Dingen auf den Grund zu gehen. Besonders fasziniert ihn das Verhältnis zwischen Männern und Frauen und er findet, daß es eigentlich nichts interessanteres gibt. Wenn er nicht gerade eine Ausstellung vorbereitet oder einen wissenschaftlichen Artikel schreibt, geht er den verschlungenen Pfaden der Emotionen nach.

Kurt W. Leuze, 36, hat eine wilde Vergangenheit hinter sich und weiß von was er schreibt. Aus eigener Erfahrung und aus vielen Gesprächen mit Freunden kennt er das Problem und wie man damit fertig wird. Als Kaufmann gewöhnt, die Dinge beim Schopf zu packen, faßt er den Entschluß, das verschämte Schweigen zu durchbrechen und ein offeneres Gespräch in Gang zu bringen.

Deutsche Erstausgabe
© 1994, Gatzanis Verlags GmbH, Stuttgart

Umschlaggestaltung: AC, Stuttgart
Fotos: Martina Gekeler, Stuttgart
Satz: H. Möhwald, Sindelfingen
Druck: Freiburger Graphische Betriebe, Freiburg im Breisgau
Alle Rechte vorbehalten, auch die der photomechanischen und
elektronischen Wiedergabe, sowie der Übersetzung,
auch einzelner Teile

Printed in Germany
ISBN 3-9803897-0-7

Widmung

*Dies Buch ist all den Frauen gewidmet, die
uns geholfen haben, das Problem erst gar nicht
zu einem werden zu lassen.*

Anne, Annelina, Annette, Alexandra, Aline, Alke, Anita, Andrea, Anke, Anna-Maria, Angelika, Brigitte, Babette, Brunhild, Beate, Birgit, Bettina, Bertha, Bärbel, Christa, Camilla, Christina, Claudia, Corinna, Carla, Cornelia, Doris, Dorothèe, Dorette, Dagmar, Daniela, Diana, Elke, Edith, Elvira, Eva-Andrea, Esther, Elena, Eva-Juliane, Erika, Eva, Elle, Edda, Evelyn, Emma, Elisabeth, Elfi, Franziska, Frauke, Freya, Frieda, Felicitas, Gertrud, Gabi, Gretel, Gudrun, Georgette, Gisela, Gabriele, Gathi, Gerda, Gustl, Hanna, Hilde, Helga, Hermine, Helene, Hedi, Heidrun, Heike, Helma, Heidi, Hedwig, Irmela, Ina, Inge, Ilona, Irene, Ida, Ines, Isabelle, Irma, Ilka, Ingrid, Judith, Jutta, Janine, Julia, Johanna, Janne, Jolanta, Judith, Katrin, Karen, Katja, Karina, Klara, Kerstin, Katharina, Kiki, Katinka, Ludmilla, Lule, Louise, Lore, Lydia, Lilly, Lilo, Linda, Line, Marie, Martina, Michaela, Marlene, Maike, Manja, Monika, Margarete, Marianne, Margot, Nicola, Nevin, Nadja, Nadine, Niki, Nora, Olga, Olivia, Odette, Petra, Paula, Paola, Renate, Rosi, Roxani, Ria, Ruth, Rosalie, Ricarda, Renée, Rita, Rachel, Silvie, Simone, Stefanie, Silke, Sophie, Susanne, Sabine, Sigrun, Saskia, Sonja, Sissy, Thekla, Tanja, Therese, Tine, Thea, Uta-Maria, Ulrike, Ursel, Ulla, Ute, Veronika, Vera, Valentine, Victoria, Verena, Virginia, Wanda, Wally, Wendy, Waltraut, Wolfi, Xenia, Yasemin, Yvonne, Zuzanna, Zora und Zazie.

5

Inhalt

7

Inhalt

8

Inhalt

„Indes, was hab ich mit den Flegeln? Sie
mögen fressen und ich will vögeln."

Goethe, Hanswurstens Hochzeit

Vorbemerkung

Wovon das Buch handelt oder nicht handelt,
und warum Sie mit Sicherheit von ihm profi-
tieren können, obwohl wir natürlich auch nicht
alles wissen.

Wir reden in diesem Buch nicht über die möglichen
körperlichen Ursachen, die eine Erektion verhindern und
das meistens grundsätzlich und dauerhaft. Wir reden auch
nicht von dem Fall, daß man es nach dem fünften Mal in
Folge nicht noch ein sechstes Mal bringt. Wir reden hier
nicht über Medizin, und wir reden hier nicht über Sport.

Uns interessieren in diesem Buch die psychischen
und sozialen Blockaden und Störungen der Erektion sowie
Wege und Methoden, wie sie aufzulösen sind. Wobei wir
weniger die Briefkastentante spielen wollen, nach dem Motto: „Liebe Frau Irene, was soll ich tun, mein Dingens da tut
nicht ..." und Ihnen vor allem auch keine Ratschläge der
neuerdings sehr verbreiteten östlich-esoterischen Art ertei-
len wollen, etwa: „Pressen sie dreihundertmal schnell die
Gesäßmuskeln zusammen und atmen Sie dabei durch die
Ohren ..." Nichts von alledem.

Vielmehr sollen Sie sich in diesem Buch vor allem
selbst wiederfinden, sollen wissen, daß Sie mit Ihrem Problem keinesfalls allein sind. Sie sollen lernen, Ihre sexuellen
Vorstellungen zu hinterfragen und mit Ihren sexuellen

11

Bedürfnissen zu vergleichen. Das heißt, Sie sollen sich darüber klar werden, was Sie eigentlich wirklich wollen. Sie sollen den Unterschied zwischen Phantasie und Realität ernstnehmen und akzeptieren lernen. Und natürlich sollen Sie anhand der vielfältigen Erfahrungen, die in diesem Buch geschildert werden, den möglichen Grund für ihre eigene Blockade herausfinden und sie dadurch überwinden lernen.

Das Thema Impotenz ist allerdings komplexer, als mancher meinen mag, und wir sind uns durchaus darüber im klaren, daß wir nur ein bestimmtes Spektrum erfassen können und nicht jeden erdenklichen Fall. Das liegt nicht nur daran, daß die Probleme für jede Altersgruppe etwas unterschiedlich sind, oder daran, daß es zwischen den Generationen grundsätzliche Bewußtseinsunterschiede zum Thema Sexualität überhaupt gibt. Was einem Vierzigjährigen in unseren Beispielen vertraut vorkommt, kann sowohl einem Sechzigjährigen als auch einem Zwanzigjährigen aus unterschiedlichen Gründen fremd, also neu oder veraltet erscheinen. Auch innerhalb einer Generation, von Mann zu Mann, gibt es zum Teil enorme Unterschiede.

Es liegt vor allem daran, daß es keine allgemeinverbindliche Meinung darüber gibt, wie das Problem Impotenz zu bewerten und zu behandeln ist. Wie in jeder wissenschaftlichen Frage gibt es auch hier verschiedene Schulen mit zum Teil grundsätzlichen Meinungsverschiedenheiten, ja sich sogar gegenseitig ausschließenden Thesen.

Nicht zuletzt möchten wir dazu beitragen, dieses für Millionen bedrückende Thema vom Ruch der Schande und der Niederlage zu befreien. Ein Mann, der im entscheidenden Moment mal keinen hoch kriegt, ist deswegen noch lange kein Schlappschwanz.

Und plötzlich
hat Mann ein Problem

Irgendwann erwischt es jeden. Für manchen
allerdings beginnen dann Sorgenfalten die
Denkerstirn zu kräuseln, und er fragt sich eine
bange Frage.

Viele Männer haben es schon erlebt: Man lernt
eine interessante Frau kennen und merkt nach kurzer
Zeit: es hat „gefunkt". Na wunderbar! Mit dem berühmten Kribbeln im Bauch lädt man sie zum Beispiel ins
Kino ein. Dann ist es nur noch eine Frage der Zeit, beziehungsweise des rechten Augenblicks, daß man sich auch
körperlich näher kommt. Entweder ist es eine ängstigen-
de Stelle des Films, an der sie sich schutzsuchend an ihn
drückt oder eben ein anderer Grund, bei dem die Hände
auf Wanderschaft gehen. Anschließend geht man dann
schon eingehakt oder gar engumschlungen irgendwo-
hin, noch etwas trinken. Die Gewißheit, daß „Es" heute
noch passiert hängt in der Luft, wie der Duft eines
schweren Parfüms. Auf dem nächtlichen Heimweg zu
ihm oder zu ihr wird geturtelt, was das Zeug hält. Seine
Erregung läßt ihn mal wieder die engen Jeans verflu-
chen, denn es kneift ganz abscheulich an der gewissen
Stelle. Wenn man sogar sehr gut drauf ist, kann man es
eigentlich gar nicht mehr erwarten, bis man endlich in
irgendwelchen trauten vier Wänden angelangt ist. Dann

wird sie vielleicht sogar übermütig und zieht sich kichernd in einer dunklen Ecke ihren Slip aus und stopft ihn mit vielsagendem Lächeln in ihre Handtasche. Ach, das Leben ist wirklich schön. So tollt man herum und eine nette kleine Anzüglichkeit löst die andere ab. Schließlich locken dunkle Hauseingänge, Toreinfahrten und ähnlich verschwiegene Plätze. Die Luft ist lau, die Stimmung auf dem Höhepunkt und ist es so nicht viel aufregender als im üblichen Bett? Ohne Worte ist man sich einig und „halb zieht sie ihn, halb sinkt er hin" drückt man sich in einen paraten Hauseingang. Schnell ist das Röckchen gelupft und das schwarzes Dreieck oder ihr süßer Hintern lachen ihn fordernd an. Erst jetzt fällt es ihm auf, daß in seiner Hose gar nichts mehr zwackt oder gar drängt. Eine beklemmende Reglosigkeit herrscht gerade dort, wo sie jetzt herumnestelt, um „Ihn" ins Freie zu bringen. Wo sich noch bis vor kurzem eine deutliche Wölbung abzeichnete, ist jetzt friedliche Weichheit eingekehrt, die so gar nicht zu seinem starken Verlangen passen will. Jetzt nur keine Panik! Es muß doch gehen. Aber alles Knutschen und Fummeln führt zu nicht mehr als einer halbsteifen Gummiwurst, mit der er vergebliche Versuche unternimmt, in sie einzudringen, während er in seinem Kopf schon nach einer hinreichenden Ausrede sucht.

Gut, okay, später zu Hause klappt's dann schon, doch was ihm für lange Zeit in Erinnerung bleiben wird, ist nicht das Erlebnis im Bett, sondern der Versager im

Hauseingang. Später freilich wird er seinen Freunden erzählen, wie wild und ausdauernd er dort in pikanter Umgebung mit ihr gevögelt hat.

Es ist nun mal für einen Mann jedesmal ein ziemlicher Schrecken, wenn er ihn nicht hochkriegt. Dabei ist es ganz egal, ob er ein aufgeklärter und erfahrener Mann ist, oder ein unbedarfter. In dieser Frage scheint sich immer noch der alte Affe in uns zu behaupten, der aller Kultur spottet und höhnt, daß ein richtiger Mann nur ist, wer einen anständigen Steifen vorzuweisen hat.

Wenn wir in einer längeren Beziehung leben, sind wir aber auch nicht vor dem Malheur gefeit. Nicht nur „das erste Mal" hat seine Tücken. Wer kennt nicht diese Sonntage, an denen man so richtig Zeit für einander hat und an denen sie sich schon seit einiger Zeit so verhält, daß ihm unausweichlich klar ist, welcher Film demnächst in diesem Kino läuft. Auf dem Sofa kommt man der Sache näher. Die Umarmung wird heftiger, die Küsse intensiver und das Verlangen steigt. Er zieht sie aus, sie zieht ihn aus. Dann geht man in Stellung. Sein Glied ist zwar nicht gerade aus sogenanntem Kruppstahl, aber für den Hausgebrauch reicht's allemal. Man weiß es ja, daß er noch steifer wird, je tiefer er drin ist – so jedenfalls beruhigt er sich. Mittlerweile ist man jedoch schon beim dritten Positionswechsel, und so richtig voran geht es immer noch nicht. Er hat eben heute Mühe, die nötige Erregung zu erreichen. Drei Uhr Nachmittags ist irgendwie nicht seine schärfste Zeit. So am helllichten Tag fällt ihm gar nichts rechtes zu diesem Thema ein. Ihr dagegen kribbelts gewaltig im Bauch und entsprechend ist ihr heute nach besonders Verruchtem. Sie will unbedingt noch die schwarzen Strümpfe anziehen und dazu die Strapse, die sie vor zwei Monaten zusammen gekauft haben. Vor allem aber die Schuhe mit den hohen und spitzen Absätzen – man gönnt sich ja sonst nichts. So nimmt das Spielchen seinen Lauf, jetzt schon auf dem Teppich, und er kriegt ihn auch tatsächlich bei ihr rein. Allerdings nur für kurze Zeit. Ein erregtes Hochwölben des Beckens von ihr und sein Schniedel ist sang- und klanglos rausgeflutscht. So weich und so schlapp, wird das heute bestimmt nichts mehr.

Bleibt es bei einer solchen Episode, so wird das für den Mann kein großes Gewicht haben, zumal wenn die Frau davon kein Aufhebens macht. Passiert ihm solches jedoch öfter, so stellt sich für ihn irgendwann die bange Frage, ob er da vielleicht ein Problem habe. Er fragt sich dann besorgt: werde ich etwa impotent?

Was ist Impotenz?

*Was der Begriff meint, wie er sich im Wandel
der Zeit verändert hat und wie wir ihn hier
verstehen wollen.*

Nun aber mal langsam, werden Sie vielleicht
sagen. Wenn ich mal keinen hochkriege, bin ich doch
noch lange nicht impotent. Das ist einerseits richtig,
andererseits aber auch nicht. Selbstverständlich spricht
man bei gelegentlichem Versagen nicht gleich von Impotenz. Dieser unangenehme Begriff bezeichnet für
gewöhnlich nur die schweren und andauernden Fälle.
Und doch zeigt es sich, daß auch die gelegentlichen
Störungen von denselben Mechanismen ausgelöst werden wie die schwere Behinderung. Was den Mann ängs-
tigt, wenn es ihn erwischt, ist schließlich weniger die
Tatsache, daß er dann nicht richtig zum Zuge kommt,
sondern, daß die Frau denkt: Der Bursche bringt's nicht
mehr. Das macht ihm mehr angst als alles andere. Ein
Ausbleiben der Erektion, sei es nur hin und wieder oder
sei es so gut wie jedesmal, ist für den Mann in jedem Fall
eine schwere Belastung seines Selbstwertgefühls. Deshalb wollen wir den Begriff Impotenz weiter fassen als
üblich und ihn auf alle Erscheinungen anwenden, die
mit dem Phänomen zu tun haben.

Früher verstand man unter dem lateinischen
Begriff Impotenz, der soviel wie Unfähigkeit bedeutet,
fast nur die Unfruchtbarkeit oder Zeugungsunfähigkeit

des Mannes (impotentia generandi). Der Begriff war im Verständnis stark geprägt von der Vorstellung, daß die Zeugungskraft, die den Mann charakterisierende Kraft sei. Das liegt nicht zuletzt in unserer Kulturgeschichte begründet. Lange Zeit war unsere männlich dominierte Kultur von der Vorstellung geprägt, der Mann sei der eigentliche Lebenserzeuger und die Frau lediglich das Gefäß für den Keim. Das hat natürlich diesen Begriff mit einer entsprechend starken Bedrohung des männlichen Selbstverständnisses aufgeladen. Noch heute nimmt man es mehr oder weniger bewundernd zur Kenntnis, wenn Männer sogar noch im hohen Alter Kinder machen, und damit ihre Zeugungsfähigkeit und Virilität unter Beweis stellen. Berühmte Beispiele wie Chaplin, Picasso oder Montand sind jedem dafür bekannt. Die absurde Vorstellung, der Mann erzeuge die Kinder, schlägt sich noch heute darin nieder, daß wir den männlichen Erguß als „Samen" bezeichnen, obwohl es sich dabei doch eher um einen Katalysator für die Entstehung des Lebens handelt.

Heutzutage, im Zeitalter der künstlichen Befruchtung, wird unter Impotenz jedoch in erster Linie die technische Unfähigkeit des Mannes zum Geschlechtsverkehr verstanden (impotentia coeundi). Impotent ist also, wer keine Erektion bekommt und daher seinen Penis nicht in die Vagina einführen kann.

Unsere jahrhundertealte christliche Tradition verdammt die Sexualität außerhalb des Zeugungsaktes. Auch diesen will sie nur als „Geschlechtsverkehr" im

Wortsinne verstehen. Die Bedeutung dieses Teils der Sexualität ist dann natürlich überproportional hoch. Oder anders ausgedrückt: wer sein Glied nicht in die Vagina einführen kann, hat praktisch keine Sexualität. Aus katholischer Sicht gilt denn auch eine Ehe als nicht „vollzogen" und damit als nicht existent, wenn der Mann seinen Penis nicht in die Vagina seiner Frau eingeführt und in ihr ejakuliert hat. Glücklicherweise ist unser Verständnis von Sexualität in den letzten Jahrzehnten bedeutend erweitert worden. Nicht zuletzt durch die rigide feministische Kritik an der Dominanz der Penetration, die hauptsächlich von der lesbischen Fraktion der Feministinnen vertreten wird. So ist auch vielen Männern ins Bewußtsein gekommen, daß man Sex auf viele Arten haben kann und daß ein „Hänger" einen Mann nicht dazu verdammt, untätig und ohne Sex sein zu müssen. Auch in ihrer Radikalität absurde Argumente haben manchmal eine bewußtseinserweiternde Wirkung.

Es ist ja auch diese traditionelle Fixierung auf den eigentlichen Geschlechtsakt, der zu der merkwürdigen Auffassung führte, daß andere Praktiken, wie zum Beispiel Fellatio, die der Volksmund in seiner bildhaften Art mit „Blasen" bezeichnet oder Cunnilingus, wenn der Mann die Möse der Frau leckt, „pervers" seien. Man darf sich allerdings fragen, ob diese Auffassung im Volke jemals weit verbreitet und fest verankert war. Erotische Darstellungen aus allen Jahrhunderten belegen nämlich, daß auf diese „Leckerbissen" noch nie verzichtet worden ist.

Impotenz ist eine überaus vielfältige Erscheinung. Da gibt es den jungen Burschen, dem er vor lauter Aufregung beim erstenmal nicht so recht stehen will. Oder den Ehemann, der sich mit einer Kollegin ein kleines Abenteuer erlauben will und dann wegen verschiedener moralischer Bedenken im entscheidenden Moment doch keinen hochkriegt, oder auch den Familienvater, der es mit seiner angetrauten Ehefrau schon seit Jahren nicht mehr bringt. Das sind die drei häuptsächlichen Erscheinungsformen der Ausfälle, auf die wir in diesem Buch zu sprechen kommen wollen.

Der Begriff Impotenz ist mit vielen Vorurteilen, mit Schimpf und Schande belastet. Jeder weist einen Zusammenhang zwischen seinen gelegentlichen Ausfällen und diesem Begriff zwar gerne entschieden zurück, im stillen Kämmerlein jedoch wendet er ihn sehr wohl auf sich an und ist entsprechend zerknirscht. Wir wollen den Ausdruck wie gesagt trotzdem verwenden. Zum einen, weil er jedem vertraut ist, und jeder weiß, welches Ereignis damit gemeint ist. Zum anderen, weil wir nicht glauben, daß man mit niedlicheren oder harmloseren Bezeichnungen die Wirkung des Problems für die Betroffenen niedlicher oder harmloser machen könnte. Wer damit zu kämpfen hat, ist nicht deswegen weniger beunruhigt, nur weil sich der Begriff dafür undramatischer anhört.

Woher kommt Impotenz?

Unsicherheiten in der Wissenschaft sowie Ursachen, Gründe, Anlässe und ihre Auswirkungen auf sensible und weniger empfindliche Charaktere.

Über die Frage, woher Impotenz kommt und was sie im einzelnen auslöst, gehen die Meinungen auseinander. Diejenigen Wissenschaftler, die von psychoanalytischen Vorstellungen beeinflußt sind, suchen die Ursachen und Gründe hauptsächlich in der Vergangenheit der frühkindlichen Entwicklung und meinen dort auch immer etwas zu finden. Der Interpretation von Kindheitserlebnissen sind ja nahezu keine Grenzen gesetzt. Andere vermuten die Gründe eher in der Gegenwart. Aber auch diese Richtung teilt sich in zwei Gruppen. Die erste Gruppe sieht die Gegenwart ganz allgemein und macht bestimmte zeitbedingte Ängste und Streßfaktoren für den Hänger verantwortlich. Sie sehen die Hauptursache in Versagensangst, also die Angst, seinen Mann nicht „stehen" zu können, oder die Angst, sich zu blamieren, weil man vorher vielleicht etwas zu viel mit seiner Sexkraft geprahlt hat. Aber auch Sorge über die Größe des Gliedes kann ein solcher Anlaß sein. Diese Unsicherheit teilen wohl viele Männer. Umfragen sagen, daß nahezu 80% mit der Größe ihres Organs unzufrieden sind, und nicht etwa, weil sie es für zu groß geraten halten. Wir kennen ja alle die beliebte

Bemerkung von Frauen, die ihrem Lover etwas Gutes tun wollen: „Mensch hast du aber 'nen Großen". Es kann auch Angst vor den Umständen sein. Beispielsweise die Furcht, entdeckt zu werden, wenn sich jemand in einer verbotenen Situation befindet, oder aber in relativer Öffentlichkeit, z.B. am Strand, zu Werke gehen will. Nicht zuletzt erwähnen die Vertreter der Angsttheorie die Rollenangst. Darunter verstehen sie die zunehmende allgemeine Verunsicherung der Männer. Verunsicherung in ihrer Rolle und in ihrem Selbstverständnis, z.B. auch als Folge der Emanzipationsbewegung der Frauen, die zu starken Selbstzweifeln bei einer großen Zahl von Männern geführt hat. Gerade Männer, die eigentlich ein positives Verhältnis zu Frauen haben und die jegliches Überlegenheits- und Dominanzgetue ihnen gegenüber ablehnen, neigen dazu, den Frauen alles recht machen zu wollen und verlieren dabei ihre eigene Mitte. Sie fangen an, ihre eigenen sexuellen Wünsche und Vorstellungen mit einer vermeintlich feministischen Brille zu betrachten und entwickeln Schuldgefühle um Schuldgefühle, was sich dann schließlich in völliger Passivität, auch ihres Schwanzes, niederschlägt.

Die andere Gruppe derer, die hauptsächlich aktuelle Gründe für Potenzstörungen verantwortlich machen, verstehen Gegenwart hauptsächlich aktuell. Sie sehen die Gründe für Erektionsstörungen in den konkreten Umständen der jeweiligen Situation. Einige Psychologen dieser Richtung gehen deswegen sogar so weit, Impotenz als spezifisches Männerproblem zu leugnen. Ein Mann sei nicht aus sich heraus impotent, sondern reagiere damit nur auf eine konkrete Verunsicherung. Das kann allein eine Situation sein, vor allem aber sei es eine Reaktion auf die Partnerin. Deswegen sehen sie in der Impotenz in erster Linie ein Paarproblem. Ein Ausdruck des Verhältnisses zwischen einem bestimmten Mann und einer bestimmten Frau. Diese Anschauung ist nicht so ohne weiteres von der Hand zu weisen und hat allerhand für sich, auch wenn sie nur einen Teilaspekt der Impotenz abdeckt, der aber vielleicht den überwiegenden Teil darstellt. Wir werden jedenfalls im Laufe des Buches noch genauer darauf zurückkommen.

Wie wir sehen, weiß keiner es genau. Die wissenschaftliche Erforschung diesen uralten Problems steckt noch immer in den Kinderschuhen. Das ist jedoch nicht so verwunderlich. Einerseits spielen bei diesem Phänomen so viele Faktoren eine Rolle und es ist nicht einmal immer genau auszumachen, ob diese Reaktion im Bereich der Sexualität überhaupt einen sexuellen Hintergrund hat, oder ob sich hier ganz andere psychische Störungen in sexueller Verkleidung bemerkbar machen.

Es ist allerdings auch unmöglich, zu einer befriedigenden und allgemeingültigen Lösung eines Problems zu kommen, wenn man ein Phänomen isoliert für sich betrachtet. Dazu ist man aber gewissermaßen gezwungen, wenn man z.B. ein solches Buch schreibt. Wollte man nämlich alle mit dem Problem unmittelbar und mittelbar zusammenhängenden Faktoren gleichermaßen beachten, verlöre man sehr schnell die Übersicht und niemand könnte mehr folgen.

Es mag sein, daß Potenzschwäche heutzutage häufiger vorkommt als früher. Dafür mögen der zunehmende Streß und auch Umwelteinflüsse verantwortlich sein. Schließlich zeigen Untersuchungen, daß auch die Zeugungsfähigkeit abnimmt, gemessen an funktionsfähigen Samenfäden innerhalb einer bestimmten Ejakulatsmenge. Vor allem aber soziale Gründe mögen dafür verantwortlich sein, denn die Männer leben mehr denn je in einer Situation großer sozialer Anspannung, was sich statistisch darin niederschlägt, daß sie viel häufiger als Frauen unter Alkohol- oder Drogenabhängigkeit, Depressions- und Angstzuständen, aber auch existenzbedrohenden Kreislauf- und Herzkrankheiten leiden und ihre Selbstmordrate um einiges höher ist. Solange die Männer sich nicht von alten und überholten Rollenklischees befreien und ein neues und positives Selbstverständnis von sich erkämpfen, werden die vermehrten Selbstzweifel und die dadurch ausgelöste defensive Haltung eine verheerende Wirkung nicht nur auf ihre Psyche, sondern auch auf ihre Potenz haben.

Nach all dem Gesagten wird klar, daß Impotenz in allererster Linie ein psychisches und soziales Problem ist. Die Fälle von tatsächlicher, konstitutionsbedingter körperlicher Erektionsunfähigkeit sind so gering, daß man sie fast vernachlässigen kann. Es gibt aber auch zeitweilige körperliche Ursachen.

Impotenz kann dann organisch bedingt sein, wenn es durch starkes Rauchen, Zuckerkrankheit, erhöhte Cholesterinwerte, Bluthochdruck oder Übergewicht zu Durchblutungsstörungen kommt. Aber auch durch Gefäßveränderungen, Nervenschädigungen, z.B. durch Bandscheibenvorfall sowie Operationen im Becken-Damm-Bereich. Weiter können auch Testosteronmangel, die Einnahme von Beruhigungsmitteln, Psychopharmaka oder Medikamenten für Herz und Blutdruck, zu Erektionsproblemen führen. Daß Alkohol die Potenz beeinträchtigt ist wohl jedem bekannt. Nach reichlichem Alkoholgenuß läuft potenzmäßig so gut wie nichts mehr. Alle diese Ursachen sind zwar körperlicher Natur, aber sie verschwinden, wenn die Krankheitsursachen beseitigt, die Medikamenteinnahme beendet, oder Nikotin und Alkohol entsprechend reduziert werden. Das alles ist kein sehr aufregendes Thema und schon gar nicht ein Problem.

Die psychischen und sozialen Gründe für Potenzstörungen dagegen wollen wir in drei große Gruppen einteilen. 1. die Angst-Gruppe, 2. die Ideologie-Gruppe und 3. die Sozial-Gruppe.

Die erste Gruppe besteht aus allen jenen Gründen, die mit Ängsten oder Streß zu tun haben. Ob diese Ängste von unserer Lebensweise herrühren oder aber in Erfahrungen oder Erlebnissen begründet sind, ist dabei zweitrangig. Die zweite Gruppe, die ideologische Gründe umfaßt, beinhaltet Kollisionen zwischen unseren Wunschvorstellungen und unserem Verständnis von Sex auf der einen Seite und wie wir ihn in der Wirklichkeit erleben auf der anderen. In der dritten Gruppe sind all jene Gründe zusammengefaßt, die sozial bedingt sind. Darunter verstehen wir vor allem die Beziehungen zwischen Mann und Frau als Paar.

Diese drei Gruppen haben etwas gemeinsam. Sie verbindet das, was wir als Fluch der Bilder bezeichnen könnten. Bilder sowohl im wörtlichen, als auch im übertragenen Sinn. Doch darauf kommen wir später. Jetzt werfen wir erstmal einen kleinen Blick zurück in die Vergangenheit.

Das Problem ist nicht neu

Ein Blick in die Vergangenheit lehrt uns, daß ein Mann, der ihn heute nicht hochkriegt, immer noch in Glück und Frieden leben kann. Von den Frauen ganz zu schweigen.

Das Phänomen der Impotenz gibt es natürlich seit jeher. Die Spottlieder und Schwänke aber auch die Literatur beschäftigten sich immer wieder mit dem „Unvermögen". Schon in frühester Zeit war dies ein beliebtes Motiv, um Geschichten über den Ehebruch einzuleiten. In Boccaccios „Decamerone" finden wir viele Episoden, in denen sich die frustrierten Ehefrauen jugendliche und vor allem potente Liebhaber suchten. So war denn die Schmach der Impotenz immer zugleich verbunden mit der Gefahr, gehörnt zu werden.

Goethe, bekannt als Schwerenöter, verriet uns in einem „Tagebuch" titulierten Gedicht, daß auch ihn zu unpassendster Gelegenheit sein „Meister Iste", wie er seinen Schwänzling darin nennt, auf's schmählichste im Stich gelassen hat. Sein erhofftes sexuelles Abenteuer mit der Wirtstochter mußte unerfüllt bleiben, obwohl sie zu allem bereit war. Selbst Casanova, dem Sinnbild des ewig potenten Mannes, ist es hin und wieder passiert, daß er ihn nicht hochkriegte. Bezeichnenderweise gerade dann, wenn er in eine Frau wirklich verliebt war.

Thomas Mann, dem, wie seine Tagebücher belegen, die Potenz ein überaus wichtiges Anliegen war und der noch im hohen Alter glücklich vermerkte, wenn er eine starke Erektion hatte, schildert in seinem Doktor Faustus das Leiden seines Helden, der an Impotenz leidet, die durch Hexerei erzeugt worden war. Ein Freund fragte vor kurzem einmal spöttelnd, ob nicht der biblische Joseph, Jakobs famoser Sohn in Ägyptenland, damals bei Potiphars Weib nicht vielleicht eher mit diesem Zustand oder besser Nichtzustand zu kämpfen hatte, statt mit der Moral, die ihm die Verfasser des Alten Testaments so lauthals auf die Fahne schrieben. Sie werden aber recht getan haben damit, denn im Unterschied zu heute, wo ein Mann nicht gleich vom Sockel fällt, wenn er sich zu seiner Störung bekennt, war es früher durchaus lebensgefährlich, von einem anderen so etwas auch nur zu argwöhnen. Unzählige Forderungen zum Duell werden in mehr oder weniger offener Form gerade diesen Vorwurf zum Inhalt gehabt haben.

Es waren aber nicht immer nur die Männer, die im Zusammenhang mit Impotenz zu leiden hatten. Regelrecht tödlich wurde sie für Frauen am Beginn der Neuzeit, der Epoche der großen Hexenprozesse. In ihnen wurden die Frauen hauptsächlich wegen Hexerei zum Zweck der Verhinderung von Zeugung und Empfängnis angeklagt. Neben Empfängnisverhütung und Abtreibung standen auch Verhinderung der Erektion auf der Liste der zum Tode führenden Verbrechen. Im Wahn der Zeit war also die Frau schuld, wenn er ihm nicht stand.

Dann war sie die Hexe, die mit Zauberei das Steifwerden des Gliedes verhinderte. Man mag es sich gar nicht ausmalen, was damals in den Köpfen der Frauen vor sich gegangen sein muß und welche Ängste sie ausgestanden haben müssen, wenn sie mit ihrem Mann ins Bett gingen.

Wir sehen, Impotenz ist ein altes Thema und war ein wirkliches Problem. Dagegen ist es heute eher nur noch eine Störung. Die aber hat fast jeder Mann, mehr oder weniger häufig und das in jedem Alter.

Bilder – erster Teil

Über die Schwierigkeit, die Welt anstatt der Scheinwelt wahrzunehmen und über die Schwierigkeit, sich selbst zu finden statt einem Klischee von sich nachzuhetzen.

„Du sollst Dir kein Bildnis machen", dieser bekannte Satz aus der Bibel hat zwar einen religiösen Hintergrund und bezieht sich auf das monotheistische Gottesverständnis. Er läßt sich aber ganz und gar unreligiös und sehr treffend gerade auf die zwischenmenschlichen Beziehungen anwenden. Es ist nämlich leider so, daß wir dazu neigen, unsere Mitmenschen weniger als sie selbst, sondern als die Bilder wahrzunehmen, die wir uns von ihnen gemacht haben. Wir haben relativ feste Vorstellungen davon wie die Leute so sind, die uns umgeben. Wir wissen genau, was für ein Typ unser Chef ist und was wir von ihm zu erwarten haben. Auch wie unsere Frau reagierte, wenn sie dieses oder jenes über uns erführe, wissen wir genau. Wir machen uns ein Bild von unseren Mitmenschen und halten das Bild für die Wirklichkeit. Wir merken das immer erst dann, wenn sich die anderen plötzlich ganz unerwartet verhalten, eine ganz andere Seite zeigen. Eine Seite, die mit unserem Bild von ihnen gar nicht übereinstimmt. Wenn die Ehefrau zum Beispiel gerade nicht in Schreikrämpfe ausbricht, wenn sie erfährt, daß wir auf der letzten Betriebsfeier etwas mit der Sekretärin der Nachbarabteilung hatten. Vielleicht fragt sie sogar etwas ironisch lächelnd: „Na erzähl doch mal, wie war's denn?" Dann fallen wir aus allen Wolken. Nie hätten wir ihr das zugetraut. Was haben wir uns verbogen und verrenkt, damit sie ja nichts merkt, weil sie doch immer gleich bis ins Mark getroffen ist, und nun dies. Oder neulich, als ein Freund während der Geburtstagsfeier das Gespräch auf Sex brachte? Hätten wir nicht im Boden versinken können und versuchten abzuwiegeln so gut es ging, weil doch die Eltern dabeisaßen? Von denen wußte man doch ganz sicher, daß Sex für sie ein unbekanntes Wort ist. Schließlich hatte man sich doch schon immer gefragt, wie sie einen bloß gezeugt haben. Und jetzt gab sogar Mutter, man muß sich das mal vorstellen, ausgerechnet Mutter (!) etwas zu diesem Thema zum besten und zeigte damit, daß sie überall, aber nicht hinter dem Mond lebte.

Diese Neigung, unsere Vorstellung, also Bilder, für die Wirklichkeit zu halten, betrifft aber nicht nur unser Verhältnis zu den Eltern, zu unseren Kindern, den Kollegen und Freunden. Das betrifft auch, wie sich in letzter Zeit leider deutlich zeigt, unser Verhältnis zu Menschen anderer Nationalität. Es betrifft aber eben auch, und damit sind wir wieder bei unserem Thema, das Verhältnis zu den Frauen, wenn wir Männer sind und das Verhältnis zu den Männern, wenn wir Frauen sind.

Die Bilder, die wir meinen, entstehen aus unseren Erfahrungen und Wünschen aber auch aus den verschiedenen Leitbildern, von denen wir beeinflußt sind. Auch wenn sie im einzelnen von Mensch zu Mensch, von Generation zu Generation, von Bevölkerungsschicht zu Bevölkerungsschicht differieren, führen sie uns doch immer wieder dazu, die Wirklichkeit zu verfehlen und den anderen Menschen nicht so zu sehen, wie er ist. Wir wollen sie zum besseren Verständnis in zwei große Gruppen einteilen. Erstens in die „Traumgruppe" und zweitens in die „Wachgruppe". Die Traumgruppe hält Idealbilder für die erotischen Wünsche und Vorlieben bereit. Vor allem die Traumgestalten aus Presse, Film und Fernsehen. So kann eine Frau in den höchsten Tönen etwa von Daniel Day Lewis schwärmen, so daß man sich dabei richtig mickrig vorkommt, obwohl sie alles andere als ein Fotomodell ist. Umfragen zeigen diese Traumwelten immer recht deutlich, wenn sie z. B. ergeben, daß über 80% der befragten Männer gerne mit Naomi Campbell oder Claudia Schiffer ins Bett hüpfen würden. Schaut man sich den Durchschnittsmann an, der ja in diesen 80% reichlich enthalten sein muß, ein regelrecht aberwitziges Verlangen. Auch unsere erotischen Vorstellungen sind von Traumgestalten bevölkert. Dabei geht es nicht nur darum, daß alle die Frauen oder Männer, mit denen wir's dort treiben vorzugsweise jung und hübsch, sondern auch noch besonders geil und unersättlich, vor allem aber versiert und raffiniert, eben die perfekten Partner sind.

In der Wachgruppe geht's, wie der Name schon sagt, etwas realistischer zu. Doch das sieht nur so aus. Die Wahrnehmung unserer Umgebung ist durchaus

nicht so konkret und nüchtern, wie wir immer denken.
Auch wir wollen von anderen in gewisser Weise gesehen
werden, wollen die Leitbilder, die die Gesellschaft für
dieses und jenes aufgestellt hat, erfüllen. Diese Leit- und
Vorbilder betreffen unsere Rolle als Mann oder Frau z.B.
in der Familie oder allgemein im Verhältnis der
Geschlechter zueinander. Es ist uns wichtig, daß wir es
zu etwas bringen, vor allem damit die Nachbarn und
Freunde einen rechten Eindruck von uns haben. Oder
auch nur damit man beim nächsten Klassentreffen nicht
so bescheuert dasteht. Das Leitbild Familie und die Rolle, die man in ihr zu spielen hat, bringen uns dazu, daß
wir glauben, auf jeden Fall bei der Familie bleiben zu
müssen, auch wenn sie gar eine „Vorstufe zur Hölle" ist.
Wer will schon gerne, daß hinterher von einem gesagt
wird, man sei halt auch so einer von denen, die unzuver-
lässig seien und nur ihr eigenes Vergnügen im Kopf
haben. Das Leitbild der Rechtschaffenheit läßt uns glauben, daß man sich eben krummlegen muß für's Häuschen im Grünen, damit man als fleißig und solide gilt.
Daß man sich dies oder das verkneifen muß, schon
wegen der Kinder. Daß man der Familie zuliebe zum x-
ten mal auf dem unsäglichen Campingplatz von Dings-
bumshausen Urlaub machen muß, weil man halt
zurückstecken können muß und nicht egoistisch sein
darf. Diese Leitbilder haben oft herzlich wenig mit unserem wirklichen Fühlen und Wollen gemein, doch wir
sehen sie weniger als Bilder denn als die Wirklichkeit,
die uns zwingt, dies und das zu tun oder uns so und

nicht anders zu verhalten. Sicher, einige dieser Leitbilder sind in letzter Zeit unter Beschuß gekommen und haben sich als bloße Bilder entlarvt. Doch an was soll man sich denn halten? Man ist zwar nicht besonders glücklich mit all diesen Zwängen, andererseits: zeigt man nicht gerade dadurch, daß man ein ganzer Mann ist, wenn man auch Unangenehmes durchsteht und meistert?

Das Infragestellen von Rollenbildern allein hilft aber noch nicht unbedingt weiter. Schließlich hat schon die feministische Kritik diese Klischees angegriffen, und die Männer dabei als Versager und Trottel hingestellt, als unfertigen Menschen, als tumben Macho, selbst wenn sie alles tun, um es den Frauen recht zu machen. Infragestellungen führen erst einmal zu Verunsicherung, zu Selbstzweifeln und Schuldgefühlen. Die aber weisen eher in die Resignation als in die Zukunft. Was sollen wir tun?

Eine Antwort darauf kann uns Männern die Frauenbewegung geben. All diese Probleme haben nämlich viele Frauen längst hinter sich. Sie haben bereits vor hundert Jahren angefangen, ihre Welt und ihre Lebensbedingungen in Frage zu stellen und dabei immer gewußt, sie können nur gewinnen. Wir Männer haben diese Bewegung viel zu lange mißtrauisch beobachtet, vor lauter Angst, daß uns hier Entscheidendes genommen werden könnte, oder auch nur, weil wir die Frauenbewegung für eine Bewegung gegen die Männer gehalten haben. Entgangen ist uns dabei, daß sie sich in erster Linie gegen ein Rollenschema richtete. Das Rollenkli-

schee der Frau ist aber nur das Gegenstück zum Rollen-
klischee des Mannes. Viel eher schon hätten wir selbst
merken müssen, daß auch unsere Rolle in der Gesellschaft wenig mit uns selbst zu tun hat, eben ein Klischee
ist. Es gaukelt uns Freiheiten vor, die sich in der Realität
als Bumerang erweisen und zudem behaftet sind mit
jeder Menge lebensbedrohender Zwänge und tagtägli-
cher Erniedrigung. Statt an fadenscheinigem Überlegen-
heitsgehabe festzuhalten, das aus der Distanz betrachtet
nichts als lächerlich ist, hätten wir uns besser darauf
besonnen was wir eigentlich wirklich vom Leben erwarten und wirklich haben wollen. Männer müssen ein rea-
listisches Bild von sich gewinnen. Sie müssen ihr Rol-
lenklischee zerbrechen und eine emanzipierte Haltung
gegenüber sich und den Frauen erringen. Weder der
Macho, noch der treusorgende, leisetreterische Dackel
entsprechen dem, was Männer tatsächlich sind und
sein wollen.

Impotenz und Frigidität

*Ein merkwürdiges Pärchen, das mehr gemein-
sam hat als es auf den ersten Blick scheint. Beide leben sozusagen aus einem gemeinsamen
Topf.*

Was die Bereitschaft und Fähigkeit zum
Geschlechtsverkehr angeht, so ist auch und gerade für
Frauen nicht alles so problemlos wie Männer oft denken.
Die dumme Extremvorstellung, Frauen bräuchten sich
doch bloß hinzulegen und die Beine breit machen, können sie getrost in den Sperrmüll geben. Immer noch leiden auch Frauen unter, wenn Sie so wollen, Potenzpro-
blemen. Da gibt es nicht nur die Frage des Feuchtwer-
dens. Es ist ja durchaus nicht so, daß jeder Frau spontan
das Höschen wegschwimmt, sobald wir den Raum
betreten. Das Problem mag zwar für den „Vollzug" nicht
ganz so gravierend sein wie ein weicher Schwanz, zur
Not hilft eben Spucke oder Flutschi. Daß dieses Hinder-
nis leichter zu überspielen ist als das sichtbare Unvermögen, einen steifen Schwanz zu bekommen, bedeutet
jedoch nicht, daß es nicht da ist und unterschwellig die
ganze Veranstaltung beeinflußt. Sexualität ist, trotz der,
durch die Frauenbewegung erzielten Fortschritte im
Bewußtsein einer großen Anzahl von Frauen, oftmals
noch eine relativ fremdbestimmte Angelegenheit. Nicht
nur das unselige Verständnis von „ehelichen Pflichten"

ist daran schuld, sondern auch die Vorstellung, daß ein Mann fickt und eine Frau gefickt wird. Daß bei dieser Gegenstandsideologie bei dem Teil, der den Gegenstand abgeben soll, nicht immer die rechte Lust aufkommen will, ist eigentlich nicht allzu verwunderlich. Dabei ist es unerheblich, daß es Frauen gibt, die devot oder masochistisch veranlagt sind und denen gerade diese Rollenteilung zusagt, weil sie gerade dadurch sexuelle Lust empfinden.

Frauen wie Männer sind gerade in der Sexualität extrem von Vorstellungen geprägt, was das jeweils andere Geschlecht von ihnen erwartet. Die Notwendigkeit, dieses Bild vom Mann oder der Frau zu erfüllen, ist eine der Hauptursachen für Potenzstörungen. Für Frauen geht es dabei nicht darum, etwas Vergleichbares wie eine sichtbare Erektion zustande zu bringen. Kein äußerliches Signal, wie etwa steife Nippel oder eine erigierte Klitoris. Eher schon die notwendige Feuchtigkeit, doch selbst darauf achten nur wenige Männer. Der Leistungsanspruch besteht vielmehr darin, daß sie allein dadurch, daß der Mann sie fickt, einen fulminanten Orgasmus erleben. Die Impotenz bei Frauen äußert sich denn auch besonders in der Unfähigkeit zum vaginalen Orgasmus. Wie bei Männern, die beim Onanieren so gut wie nie Erektionsschwierigkeiten haben, kommen auch Frauen bei der Selbstbefriedigung relativ mühelos zum Höhepunkt. Es liegt also offensichtlich nicht an der sexuellen Funktionsfähigkeit, sondern an der sexuellen Situation. Wenn es allein der Schwanz sein darf, der der

Frau die höchste Lust bereiten soll, wird die Stimulierung des Kitzlers beim Geschlechtsverkehr als ein hinderlicher, den Ablauf des Vögelns störender, ihn unterbrechender Akt empfunden. Das Erreichen eines vaginalen Orgasmus beim Geschlechtsverkehr setzt allerdings ein hohes Maß an sexueller Übereinstimmung voraus, wohl weil er weniger durch direkte Körperreizung, als durch emotionale Erregtheit ausgelöst wird. Im übrigen handelt es sich bei der Unterscheidung in „klitoralen" und „vaginalen" Orgasmus eher um eine ideologische Konstruktion, die sehr von männlichen Sexualvorstellungen geprägt ist, als um einen tatsächlichen Funktionsunterschied. Viele Frauen erreichen einen solchen „vaginalen Orgasmus" niemals in ihrem Leben. Von denen, die dazu fähig sind heißt es, daß 70% davon ihn erstmalig nach dem fünfunddreißigsten Lebensjahr erreichen. Wenn diese Angaben stimmen, bedeutet das, daß die Mehrzahl der Frauen niemals erreichen, was ihrer Meinung nach ein Mann eigentlich von ihr will. Sie sind sozusagen gezwungen, entweder dem Mann das Soll vorzuspielen, was nach Untersuchungen auch 70 bis 80% aller Frauen um des lieben Friedens willen tun, oder aber in Kauf zu nehmen, daß ihre Beziehung zu Männern nachhaltig gestört wird. Viele Männer mögen nun sagen, daß sie sofort merken würden, wenn die Frau ihnen etwas vormachte. Die Zahlen sprechen leider dagegen. Zu diesem Thema übrigens, gibt es eine hübsche und bezeichnende Geschichte in dem Film „Harry and Sally".

Da Männer wie Frauen es peinlichst vermeiden, ihre sexuellen Unzulänglichkeiten, oder was sie dafür halten, zu gestehen, herrscht über das Problem der Impotenz eine geradezu aberwitzige Unwissenheit. Wir haben das bei den Recherchen zu diesem Buch in aller Deutlichkeit erfahren. Glücklicherweise jedoch gibt es die berühmten Ausnahmen von der Regel, Männer und Frauen, die den Mut haben, sich zu äußern. Wir hätten sonst hier nicht mit Beispielen aufwarten können. Um das Potenzproblem bei Frauen wenigstens in einem Fall anschaulich zu machen, erzählen wir Ihnen jetzt die Geschichte von Andrea.

Andrea ist 29 Jahre alt und hat noch nie einen vaginalen Orgasmus erlebt. Sie kommt, wie viele, aus einem Elternhaus, in dem Sexualität kein Gesprächsthema ist. Auch sie ist aufgewachsen mit der Vorstellung, daß Sexualität eine Unterfunktion von Liebe ist und ohne Liebe sozusagen nicht existiert. Liebe aber bedeutet dann auch, dem Mann in sexueller Hinsicht alles zu geben, was dieser von einer Frau erwarten mag. Mit 19, in ihrem ersten Studienjahr, verliebte sie sich und irgendwann kam es dann auch zum Geschlechtsverkehr. Der Mann hatte erwartungsgemäß seinen steifen Schwanz, für sie das sichere Zeichen, daß er sie begehrenswert fand, kurz, liebte. Jetzt war sie also an der Reihe, ihm ebenfalls zu zeigen, daß sie ihn liebte, indem sie ihn mit einem wunderschönen Orgasmus beglückt, den er ihr jetzt gleich mit seinem prächtigen Ständer herauskitzeln würde. Doch dazu kam es leider nicht. Sie verglich in ihrem Bericht die Angelegenheit mit einer Prüfungssituation. Man ist zwar gut vorbereitet, doch plötzlich kommt irgend etwas, was man so nicht erwartet hat und schon legt sich ein Nebel Londoner Ausmaßes auf den Geist. Panik setzt ein und man weiß nix mehr. Das Gefühl in ihrer Vagina entsprach irgendwie nicht dem, was sie sich darunter vorgestellt hatte und plötzlich bekam sie Panik. Sie funktionierte nicht wie eine richtige Frau, sie war keine richtige Frau, sie mußte ihren Liebhaber enttäuschen und er würde sich von ihr abwenden. Das tat er zwar nicht, aber von Stund an war ihre Sicht der Beziehung getrübt und gestört. Sie zernagte sich in Schuldgefühlen und machte das Problem, daß nun wirklich keines war, nur noch schlimmer.

Mittlerweile hatte sie schon mehrere Beziehungen, aber ihr Anspruch an sich selbst, den sie für einen Anspruch der Männer an sie hält, blockiert jegliche lustvolle Sexualität. Das ist umso bedauerlicher, als Andrea eine äußerst attraktive, kluge und begehrenswerte Frau ist.

Noch bis vor wenigen Jahren war viel von der Frigidität bei Frauen, zu hören und zu lesen. Sie war „das Problem" gerade der Zeit vor und nach der Jahrhundertwende. Seit jedoch die Frauen mehr und mehr die Beurteilung ihrer Sexualität in die eigene Hand, oder besser in den eigenen Kopf nehmen, ist dieser Begriff nahezu verschwunden. In einer Frauenzeitschrift war zum Beispiel zu diesem Thema zu lesen: „Sie sind frigide? Na und? Fragen sie sich doch mal warum sie keine Lust zum Sex haben..." Dafür gibt es, wenn man ehrlich ist, und wie wir gesehen haben, jede Menge Gründe. Sie haben allesamt nichts mit einer sogenannten körperlichen Störung zu tun. Eine Gesellschaft, die davon ausgeht, daß Frauen, nicht nur allzeit bereit und verfügbar zu sein haben, sondern auch noch durch jeden Schwanz in Ekstase geraten sollen, muß sich wie gesagt nicht wundern, wenn diese Frauen „frigide" reagieren. Umgekehrt muß die gleiche Gesellschaft sich nicht wundern, wenn die Männer, die jetzt nicht mehr immer selbst bestimmen, wann gevögelt werden soll, oder von denen eben auch erwartet wird, daß sie immer können, impotent oder wenn Sie so wollen, frigide werden. Sex ist nun mal keine Einbahnstraße.

Wir Männer stecken noch bis zum Hals in alten und dummen Vorstellungen von dem, was und wie ein Mann zu sein hat. Das Bedürfnis nach Zärtlichkeit, nach Hingabe, das Bedürfnis sowohl aktiv als auch passiv sein zu können, das in uns genauso angelegt ist wie in den Frauen, ist weitgehend durch falsche Normen verschüttet. Machen sich Frauen mittlerweile ungeniert über die Männer und ihr Sexualverhalten lustig, etwa mit seichten Witzen wie: „Was ist der Unterschied zwischen einer Klitoris und einer Bar? – Die Bar findet ein Mann immer", so trauen wir uns schon gar nicht mehr, ähnliche Fehlleistungen bei Frauen auf die Schippe zu nehmen. Wir reagieren entweder mit Ablehnung und

Rückzug oder mit halbherziger Anpassung und Selbst-
aufgabe. Wir glauben aus lauter Selbstzweifel bald selbst
an das weibliche Vorurteil, daß Männer automatisch eine
Erektion haben müssen, wenn sie nur eine nackte und
sexbereite Frau sehen, oder daß Sex für Männer eine
Angelegenheit mit getrübter Wahrnehmung ist: „Wo der
Schwanz steht ist der Verstand im Eimer", und wir schä-
men uns dafür. Damit geraten wir nicht nur in die Situation der Impotenz, sondern übernehmen gleichzeitig das
Phänomen der Frigidität, der Sexunlust, weil wir lieber
auf Sex verzichten, als uns möglichen Frotzeleien oder
Beschimpfungen auszusetzen.

Halten wir also fest, daß auch für eine Frau das
erste Mal mit einem neuen Partner oder das x-te Mal mit
einem langjährigen Partner durchaus Streß bedeuten,
von Leistungsvorstellungen überschattet und von Versagensängsten begleitet sein kann. Das sollte uns helfen,
mit unseren eigenen Ängsten besser umzugehen und
einen von Lampenfieber geschüttelten Soloauftritt in
einen befriedigenden Paarlauf zu verwandeln.

Um das zu erreichen kommt es aber gerade nicht
darauf an, sich als sexueller Dienstleister des anderen zu
verstehen. Eine der großen Leistungen der Frauenbewegung auf sexuellem Gebiet ist ja gerade, daß sich die
Frauen mehr und mehr aus ihrer Rolle der Sexpuppe für
den Mann, als Gefäß für seine Lust oder als Erfüllerin
seiner Wünsche befreit haben. Sie haben es heute nicht
mehr nötig, Lust oder einen Orgasmus vorzutäuschen,
um sein Ego zu stützen, sondern verfolgen ihre Lust im

eigenen Interesse, verfolgen eigene Wünsche und versuchen sie durchzusetzen. In diesem Sinne verstehen Männer die Zeichen der Zeit falsch, wenn sie glauben, sie müßten vor allem die Frau befriedigen, sich um ihren Orgasmus kümmern, ihretwegen „gut" sein. Die emanzipierte Frau will den Mann nicht als Sexhilfsmittel, sondern als Partner mit eigenen und ihm gemäßen sexuellen Wünschen und Forderungen. Sie will keinen Liebediener, sondern einen Lover.

Angst

*Angst ist immer auch ein Bild von einer
Gefahr. Dieses Bild kann übermächtig werden.
Schließlich kommt es dann soweit: Angst essen
Seele auf!*

Auf die Frage, ob er Angst hätte, mit einer Frau zu
schlafen, würde wohl fast jeder normale Mann antworten: nein. Oberflächlich gesehen hat er damit wahrscheinlich sogar recht. Aber das heimtückische an Ängsten ist, daß sie vornehmlich unter der Oberfläche des
Bewußtseins ihr Unwesen treiben und erst dort richtig in
Fahrt kommen. Jeder von uns hat so seine Erfahrungen
mit Angst in Bezug auf Sex. Zum Beispiel, wenn sich bei
der neuen Eroberung fast unweigerlich die Angst ein-
stellt, ob man das Bild, das man flirttechnisch von sich
entworfen hat, auch dann noch halten kann, wenn man
im wahrsten Sinne des Wortes die Hosen runterlassen
muß. Ist man länger zusammen, stellt sich die Angst ein,
ob man sie, die man ja liebt, auch nicht enttäuscht, wenn
sie mal die Initiative ergreift.

Aber es ist nicht nur der körperliche Leistungs-
druck, der uns Angst macht, sondern auch das Bild von
uns selber. Es gibt wohl kaum einen Menschen, der, was
sein Aussehen betrifft, restlos von sich überzeugt ist. Die
zu groß geratene Nase wird in solchen Augenblicken
zum Rüssel, der nicht bodygebildete Oberkörper zur

rachitischen Hühnerbrust. Und erst das Teilchen, das gewisse...

Haben wir nicht neulich erst irgendwo gelesen, daß alle Frauen ganz besonders auf Schwänze im Kinderarmformat abfahren? Und wir treten hier mit diesem verschrumpelten faltigen Nichts an. Konnten wir früher noch davon ausgehen, daß nur Frauen Probleme mit ihrem Aussehen hatten und deren Ängste dann gönnerhaft beschwichtigen, so sehen wir uns, spätestens seit es diese muskulösen, ölglänzenden Hochleistungskörper von Männern in der Parfümwerbung der Frauenzeitschriften gibt, einem speziellen Streß ausgesetzt (was die Frauen erleichtert zur Kenntnis nehmen werden).

Gerade der Körperkult ist in den letzten Jahren in einem Umfang Mode geworden, daß er in den USA, von wo er ja kommt, bereits als terroristisch empfunden wird und man drüben schon von Körperfaschismus spricht. Männer und Frauen veranstalten in Discos regelrechte Körperkulte, bei denen der kaum verhüllte Körper in Szene gesetzt wird. Dabei wird ein Ideal herangezogen, dem kaum einer oder eine entspricht. So wird denn auch fleißig nachgeholfen und Fitneßstudios oder Schönheitschirurgen boomen ins Unermeßliche. Was das für die Psyche des einzelnen bedeutet, ist kaum zu ermessen. Die Angst, uns wegen unserer körperlichen Unvollkommenheiten lächerlich zu machen, muß sich zwangsläufig auf unser Wohlbefinden, auf unser Selbstverständnis und nicht zuletzt auf unsere Potenz auswirken.

46

Nun beutelt diese Angst hauptsächlich junge Leute. Irgendwann erledigt sich das Problem mit dem Alter von selbst. Wichtiger sind daher die Ängste, die sich im Laufe einer Partnerschaft entwickeln. Wir wollen dazu einen Fall schildern.

Udo lebt seit etwa sechs Jahren mit einer Frau zusammen, für die, im Gegensatz zu ihm, Sex nicht gerade an bedeutender Stelle im Leben steht. Sowas merkt man auch nicht gerade in den ersten Wochen. Folglich kriselt es immer wieder mal in der Beziehung. Entweder ist Udo frustriert, weil sie ihm nicht die Tigerin macht, oder sie ist frustriert, wenn sie nur seine Morgenlatte sieht, weil sie das falsch interpretiert. Nicht, daß sexuell zwischen den beiden nichts liefe, das nicht. Irgendwie jedoch haben sie das Gefühl, sexmäßig auf zwei verschiedenen Dampfern zu sein, die auch noch in entgegengesetzte Richtung fahren. Was wunder, daß die sexuellen Veranstaltungen mehr und mehr von wirklichen und scheinbaren Rücksichten, Leisetreterei und Verzagtheit überschattet werden. Was gestern noch recht war, bringt sie heute auf die Palme. So kommt es vor, daß sie mitten beim Vögeln aus dem Bett springt und keine Lust mehr hat. Zwar reden sie gleich oder am nächsten Tag darüber, doch keiner hat den Eindruck, Entscheidendes damit zu klären. Irgendwann weiß er gar nicht mehr, wie er ihre Äußerungen und Reaktionen interpretieren soll. Einerseits ist er froh, daß sie mit ihm schläft und es, wie es scheint, auch genießt, andererseits fürchtet er jeden Moment, sie könne wieder mit einem

Satz aus dem Bett springen, wie in der letzten Woche. Das ist nun, wie man sich denken kann, kein Problem, das er nur im Kopf wälzt. Sie vermuten ganz richtig, daß sich das auch auf sein Standvermögen auswirkt. Er hat also nicht nur Angst, auf diese Weise impotent zu werden, sondern überhaupt Angst vor dem Sex mit ihr.

Nun ist das vielleicht ein besonders hartnäckig vertrackter Fall, doch zeigt er unserer Meinung nach ganz anschaulich, wie subtil Ängste nicht nur der Potenz, sondern dem Sex als solchem den Garaus machen können.

Streß

Hier geht es um den tagtäglichen, sowohl stil-
len als auch lauten Machtkampf
zwischen Männern und Frauen. Im
Grunde also um „stress by fighting".

Wir wollen hier nicht darüber reden, daß ein
äußerlich stressiges Leben gewisse Schwierigkeiten für
die Potenz mit sich bringt. Wer sich für alles verantwortlich fühlt und sich einer äußeren Anforderung
nach der anderen unterwirft und schließlich verzweifelt allen seinen vermeintlichen Pflichten hinterherhe-
chelt, kann nicht auch noch zwischendurch ein gelun-
genes Nümmerchen schieben. Soweit sind wir uns
wohl einig und brauchen über diesen Aspekt nicht weiter zu reden. Was wir meinen ist dies: Rollenklischees
und Rollenverhalten bedeuten Streß. Nicht nur für
Frauen, auch für Männer. Der Mann, der ständig den
Überlegenen spielen, der seine Gefühle unterdrücken
und den coolen Helden markieren muß, um einer,
wenn auch hoffnungslos veralteten, Vorstellung zu entsprechen, steht sozusagen unter Dauerstreß. Der wirkt
sich dann logischerweise auch auf seine Potenz aus.
Aber auch der Mann, der dem Vorwurf, ein männlicher
Chauvinist zu sein, dadurch entgehen will, daß er sich
opportunistisch den vermeintlichen oder wirklichen
Wünschen der Frauen anpaßt und sich auf die Rolle

des servilen, eilfertigen und unpersönlichen Liebedieners reduziert, befindet sich im Streß. Es ist ja nicht besonders entspannend, wenn man sich ständig verleugnen und seine eigentlichen Vorstellungen und Wünsche unterdrücken muß. Die Rolle des angepaßten Ehemannes, der sich zum Hampelmann seiner Frau macht, ist außerdem recht deprimierend. Wenn wir auch immer wieder darauf hinweisen, daß wir in Sachen Sexualität und Selbstbewußtsein von der Frauenbewegung lernen können, so heißt das noch lange nicht, daß Frauen immer und in allem recht hätten. Beileibe nicht alles, was Frauen sagen, wünschen und wollen, ist automatisch richtig. Auch Frauen haben einen ausgeprägten Machtsinn und lieben das Herumkommandieren. Frauen sind nicht grundsätzlich die besseren Menschen. Jeder kennt die demütigende Situation, in der ein Mann von seiner Frau oder Partnerin öffentlich als Trottel in sozialen und hauswirtschaftlichen Dingen hingestellt wird. Oder die Situation, in der sie gedankenlos an seiner Krawatte herumzupft, als sei er unfähig, sich auch nur ordentlich anzuziehen. Die unter Frauen weitverbreitete Vorstellung, Männer seine unvollständige, gefühlsdumpfe Menschen und eben nur für's Grobe zu gebrauchen, ist nicht weniger dumm und lächerlich wie die Vorstellung vieler Männer, Frauen seien weniger intelligent oder für gewisse Dinge nicht zu gebrauchen. Bevormundung ist in jedem Fall eine falsche Haltung, egal ob sie von Männern oder von Frauen ausgeübt wird. Frauen, die ihre

Männer schurigeln, müssen sich nicht wundern, wenn er irgendwann keine Lust mehr hat, mit „Mutti" zu vögeln und, weil er ihr das nicht einfach so zu sagen wagt, mit Impotenz reagiert.

Streß ist auch die Forderung, unbedingt die Verhaltensweisen anderer anzunehmen. Die berechtigte Forderung der Frauen, daß Männer mehr Gefühl oder mehr soziale Kommunikation zeigen sollten, heißt ja nicht, daß sie es auf die gleiche Art und Weise tun sollen, wie es den Frauen eigen ist. Es geht um die Sache, nicht um die Form. Männer haben nämlich sehr wohl soziale Kompetenz, aber auf ihre Art. Manche Frauen registrieren denn auch neidvoll, wie souverän Männer mit Konflikten untereinander umgehen und sie lösen, ohne sie wochenlang zu bereden oder tränenreich zu untermalen.

Bilder – zweiter Teil

*Wir wiederholen: Bilder sind Träume. Träume
sind Schäume. Schäume aber sind viele, viele
kleine, bunte Luftblasen.
Luftblasen aber – die platzen...*

Unsere Vorstellung vom anderen Geschlecht und
seinen sexuellen Qualitäten ist, wie sollte es in unserer
Bilderwelt auch anders sein, ebenfalls geprägt von Bildern. Bildern im eigentlichen und Bildern im übertragenen Sinn. Mußte die Frau früher schüchtern und
unberührt sein, um unserer männlichen „Überlegenheit"
zu schmeicheln, so soll sie heute für viele zwar immer
noch anhimmelnd, dabei aber möglichst auch noch ein
halber Pornostar sein. Am besten wäre es, sie würde
schon anfangen, wollüstig zu stöhnen, wenn wir den
ersten Hosenknopf öffnen, dabei lasziv auf die Knie sin-
ken und erregt auf ihrem süßen Hintern herumrutschen.
Sie öffnet dann (Achtung, Aufnahme!) die vollen, feucht-
glänzenden Lippen und ... na ja, so etwa wird es uns
doch in den einschlägigen Filmen immer und immer
wieder vorgeführt. Frauen scheinen da an entsprechenden Bildern zu hängen. Woher sonst die ständigen Klagen, daß sich der „Traummann" beim „Ortstermin" als
Seifenblase herausstellte. Das Abfahren auf Äußerlich-
keiten bietet gute Gewähr für Enttäuschungen. Bekanntschaften, die man nur wegen des Aussehens einer Per-

son anstrebt haben viel von einem Lotteriespiel an sich – man zieht dabei sehr häufig Nieten. Uns ist in diesem Zusammenhang noch gut die Klage von Rudi im Ohr:

Er hatte sich in einer Disco in eine, wie er fand, wunderschöne Frau verguckt, die er dort mehrmals gesehen hatte. Nach einigen Tagen gelang es ihm tatsächlich, mit ihr anzubandeln und sie abzuschleppen. So attraktiv sie ihm dort in der schummrigen Beleuchtung, mit ihrem Engelsgesicht, erschienen war, so enttäuscht war er, als er sie dann nackt sah. Ihre weiße Haut, durch die die Adern schimmerten, stieß ihn eher ab. Daß sie auch noch helle, blasse Unterwäsche trug, verstärkte diesen Eindruck noch. Er fand, daß sie wie ein Schluck Wasser wirkte. Da ihn an dieser Frau, außer ihrem Aussehen, nichts interessierte und dieses Interesse nun auf dem Nullpunkt angelangt war, kam ihm der Sex mit ihr nur mehr als ein Punkt vor, der abgehakt werden mußte. Das Ergebnis ist bekannt – Er brachte es nicht.

Generell kann man wohl sagen, daß Beziehungen, die nicht auf einem tieferen gegenseitigen Verständnis beruhen, oder in denen nicht wenigstens ein paar Seelensegmente miteinander korrespondieren, wenig Aussicht auf Glück haben. Wir meinen da ganz besonders diese Beziehungen, in denen der Mann sich eine hübsche Frau hält, wie er sich ein schönes Auto, eine teure Videoanlage oder sonst etwas für's Wohlleben leistet. Kommt er nach der Arbeit nach Hause, soll sie nur für ihn da sein, seine Laune heben, eine angenehme Atmosphäre verbreiten und zur Verfügung stehen. Die Frau als lieblicher Einrichtungsgegenstand in der gediegenen Luxuswohnung. Das scheinbare Glück solcher Verbindungen ist meistens nur von kurzer Dauer und eigentlich von Anfang an eine Illusion. Nicht selten nämlich kündigt gerade das „Püppchen" nach einer gewissen Zeit die Idylle auf und zeigt damit, daß es ein Mensch und kein wohlfeiler Gegenstand ist.

Wenn wir unsere falschen Träume mit Bildern verwirklichen wollen, okay, dafür gibt es gewisse Etablissements, die für jeden Schwindel gut sind. Wenn wir aber einen Menschen gewinnen wollen und auch die Kommunikation auf körperlicher Ebene befriedigend sein soll, tun wir gut daran, auf solche Vorlagen zu verzichten. Sowohl das Bild vom Vamp, vom Püppchen, als auch das Bild vom Hausmütterchen führt irgendwann in's schlappe Abseits.

Kopf und Körper

*Wenn wir uns nur noch bei unseren
Bildern im Kopf aufhalten verlieren wir die Verbindung zum Körper. Wir enthaupten uns
sozusagen – mit den bekannten Folgen.*

Merkwürdigerweise leben wir ganz offensichtlich
in einer recht unsinnlichen Zeit. Daran ändert auch alle
gegenteilige Propaganda nichts, die vielleicht die Anzahl
nackter Busen auf den Zeitungen mit Sinnlichkeit gleich-
setzen mag. Schauen wir uns zum Beispiel eines jener
berühmten barocken Stilleben an. Alles ist ungeheuer
prall und lebensvoll, kurz: einfach prächtig. Doch wir
sehen gleich, es ist nicht diese makellose Pracht, wie
etwa in den entsprechenden Darstellungen der Werbe-
branche. Auf unserem Barockbild ist das ganze Leben
versammelt: Blüte, Reife und Verfall und auch der Tod
ist nicht ausgespart. Fische sind dort nicht zu harmlosen
Fischstäbchen verfremdet, sondern prächtige Leiber, die
eben noch lebten. Genauso sind Früchte nicht jene blank-
polierten Normerzeugnisse in Klarsichthülle, sondern
unregelmäßig, fleckig, wie sie gewachsen sind und auch
ein Wurm hat seine Berechtigung. Was wir damit sagen
wollen, ist dies: Wir sind heute von einer Sucht nach
Makellosigkeit infiziert, die unsere Gefühle blockiert.
Unsere Köpfe sind bis zum Rand vollgestopft mit
geschönten Bildern. Und diese Bilder engen unsere

Wahrnehmung ein. Wir sind mehr und mehr auf Highlights fixiert und werden unruhig, wenn wir uns einem
Prozeß aussetzen sollen. Das fängt schon beim Wetter
an. Viele von uns akzeptieren nur noch Sonnenschein
und nutzen die erstbeste Gelegenheit, um in den Süden
zu entfliehen, mit der Folge, daß wir das Jahr nicht mehr
als notwendigen und folgerichtigen Zyklus wahrneh-
men, sondern nur als gutes oder schlechtes Wetter, und
schlechtes Wetter – pfui Teufel! Das geht weiter mit der
Einstellung zum Alter. Auch das Leben ist ein Zyklus, in
dem alles seinen sinnvollen Platz hat, oder wollten Sie
im Ernst ewig zwanzig sein? Die Werbung, zumindest
die für Frauen, will uns das ja als erstrebenswert verkau-
fen. Und die Arbeit, die soll ja auch hauptsächlich Spaß
machen. Wie überhaupt der Spaß und das Vergnügen
einen überproportionalen und unangemessenen Stellen-
wert eingenommen zu haben scheint. Animation alleror-
ten: Erlebnisurlaub, Erlebnisgastronomie usw. Jubel und
Trubel rund um die Uhr. Nur noch Rosinen und das
ohne Pause. Bloß keine stille Stunde, bloß nicht mit sich
allein, bloß keine Frustration. Keine Höhen und Tiefen,
keine Einsamkeit, keine Enttäuschung, was doch alles
Voraussetzungen dafür sind, daß wir Glück als Glück
und Erfolg als Erfolg und Zuneigung als Zuneigung
empfinden und begreifen können.

So, das ist jetzt fast ein Wort zum Sonntag geworden. Na, dann wollen wir mal schnell runter von der
Kanzel und wieder mitten rein ins Thema: denn es
betrifft auch die Sexualität. Wir meinen damit allerdings

nicht jenen mechanischen Zyklus von Vorspiel, Hauptvorstellung und Nachspiel diverser Aufklärungsbücher, sondern ein Gespür für die eigenen Bedürfnisse, die Lust am eigenen Körper und dem des anderen. Ein Gefühl dafür, daß alles seine Zeit braucht und seine Umstände. Letztlich ziehen wir uns ja für das sexuelle Zusammensein nicht deswegen ganz nackt aus, um nur den Schniedel in sein Gegenstück zu stecken. Das ginge auch durch den Hosenstall. Doch dann soll Mann sich nicht wundern, wenn Frau sich enttäuscht abwendet.

Bilder - dritter Teil

*Gebt dem Kopf was des Kopfes ist und laßt
dem Körper das Seine! Umgekehrt jedenfalls
gibt's kalte Füße und Schlimmeres.
Gregor ist Zeuge...*

Pornographie ist eine durchaus hübsche und aufregende Sache und ein Teil der sexuellen Kultur. Nun
werden vielleicht einige Leute über die Verbindung von
Pornographie und Kultur die Nase rümpfen. Es ist aber
nicht unsere Schuld, daß es mit der kulturellen Ausstat-
tung der Pornographie so schlecht bestellt ist. Überließe
man dies interessante Feld nicht Leuten, die zwar auf
dem Gebiet des Geldmachens über einige Phantasie ver-
fügen, sonst aber ziemlich einfallslos sind, würde man
den Zusammenhang recht schnell entdecken.

Allerdings ist Pornographie, und wir müssen
leider mit einer minderwertigen Sorte davon leben,
auch eine zweischneidige Sache. Nämlich dann, wenn
man sie mit dem wirklichen Leben verwechselt. Im
Kino, Theater oder im Roman können wir Schein und
Sein noch recht gut auseinanderhalten und beziehen
unseren Genuß ja zum Teil gerade daraus, daß es eben
diesen Unterschied gibt. In der Pornographie jedoch
fällt anscheinend vielen diese Unterscheidung schwer.
Vielleicht nicht zuletzt deshalb, weil sie im Umgang
damit nicht erzogen wurden, denn Pornographie ist in

unserer Gesellschaft verpönt... doch das ist ja allen bekannt.

So wie es katastrophale Folgen für die Realitäts-wahrnehmung hat, wenn man Kino und Leben ver-wechselt, so hat es auch katastrophale Folgen für die Erektionsfähigkeit, wenn man, statt das Leben wahrzu-nehmen, nur noch pornographische Bilder und Vorstel-lungen im Kopf hat. Pornographie ist nämlich ein Phan-tasieprodukt und spielt sich ausschließlich im Kopfe ab. Geschlechtsverkehr dagegen ist eine reale Veranstaltung und findet im Körper beziehungsweise mit dem Körper statt. Wenn ich nicht mehr mit dem Körper empfinde, mit der Haut die Wärme des anderen wahrnehme, sei-nen Geruch erkenne usw., sondern meine ganze Auf-merksamkeit in den Kopf lenke, zu den heißen Szenen, ja wie soll sich dann dort unten etwas Erfreuliches abspielen können. Wenn ich meinem Specht nicht die Stange halte, dann darf ich mich nicht wundern, wenn er sich mit den Worten verabschiedet: „Okay mein Freund, schau Du dir nur in Ruhe deine Bilder an, ich geh schon mal nach Hause und leg mich schlafen. Wenn Du dann fertig bist, kannst Du ja nachkommen".

Die gängigen Pornovideos mit ihren stereotypen Handlungen und Rollenvorgaben drängen uns unmerk-lich Normen für unser sexuelles Wünschen und Verhal-ten auf. Sie gaukeln uns, ähnlich wie die Zigaretten- und Alkoholwerbung, eine Welt der Freiheit und unbegrenz-ten Möglichkeiten vor, die man in der Wirklichkeit nicht einlösen kann und die nur Enttäuschung und Selbstentfremdung zurückläßt. Aber stellen wir hier nicht nur Hypothesen auf, bringen wir stattdessen lieber ein Beispiel.

Gregor findet Pornos geil. Gregor würde am liebsten selbst mal in einem mitspielen. Gregor stellt sich immer vor, wie rattenscharf das doch wäre, wenn er mit drei Frauen und so... Also kauft er sich wenigstens eines dieser Kontaktmagazine. Er blättert und findet schließlich etwas in der Art von: „Kleiner Kreis sucht gleichgesinnte Paare und einzelne Herren". Er schreibt einen Brief und bekommt nach ein paar Tagen auch eine Antwort mit einer Telefonnummer. Gregor ruft an, mit einem Kloß im Hals. Es ist doch sehr merkwürdig, plötzlich mit wildfremden Menschen über derlei zu reden. Jedenfalls wird er akzeptiert und bekommt einen Termin und eine Wegbeschreibung. Der Termin zu dem Treffen ist noch drei Wochen hin und so hat er reichlich Gelegenheit, sich die Sache auszumalen. In seiner Phantasie wird das künftige Treffen immer wilder. So sämtliche Versatzstücke aus allen Pornos, die er je gesehen hat, bringt er nach und nach in seiner ultimativen Orgie unter. Das macht ihn so kirre, daß er nicht nur einmal, sondern zwei oder dreimal am Tag onaniert, aus lauter Begeisterung. Endlich naht der große Tag. Er zieht sich sorgfältig an, zum Beispiel den raffinierten Tangaslip, den er sich extra für diesen Auftritt gekauft hat und der sein Gemächt, wie er findet, so richtig zur Geltung bringt. Dann macht er sich auf den Weg. Nun findet das

Treffen nicht im Pornokino um die Ecke statt, sondern in einem weit abgelegenen Kaff mitten im Niederbayrischen. Wer hätte auch gedacht, daß ausgerechnet dort derartiges abgeht. Die Fahrt jedenfalls birgt reichlich Streß, aber schließlich findet er es doch. Die Villa, die er sich in seiner überdrehten Phantasie ausgemalt hat, stellt sich als Wohnhaus in einem Industriegebiet heraus. Mit Herzklopfen klingelt er und stellt sich immer noch vor, er würde von mindestens zwei wilden Weibern am Schwanz ins Haus gezogen. Stattdessen wird er von einer mürrischen Frau im abgeschabten Leopardenplüschdress angeraunzt. Was er denn wolle. Äh, hm, wegen der Anzeige äh, sei er doch... Ach so. Sind Sie denn schon achtzehn? Gregor hatte bisher noch nie das Gefühl, er sähe mit seinen 38 Jahren wie 17 aus. Na, egal, er nimmt's als Schmeichelei und tritt ein. Die Wohnung – na ja – nicht gerade eines der Luxusapartements, wie er sie aus den Filmen kennt. Eher so wie auf den unsäglichen Möbelprospekten, die ihm die Möbelriesen auf den Äckern rund um seine Heimatstadt wöchentlich ins Haus schicken. Mit etwas verlegener Miene begrüßt er die ebenso verdrucksten Anwesenden. Einen pickeligen Bundeswehrsoldaten mit Milchschnurrbart und seine pummelige Freundin. Eine Dame so um die 50, die anfängt, etwas aus dem Leim zu gehen. Einen stumpf vor sich hinbrütenden jungen Mann im Trainingsanzug. Einen älteren Herrn mit Bierbauch. Das ist der Hausherr. Einen bleichen Jüngling in papageienbuntem Anzug mit seiner allerdings hübschen Freundin. Und die Leopardenfrau mit strengen dünnen Lippen, die Hausherrin und Ehefrau des angejahrten Dickbauches, die ihn auch gleich nach den 200 Mark für die Unkosten angeht. Schluck. Trotzdem atmet Gregor etwas auf, denn die Dame des Papageien macht alles wett, und er stellt sich schon vor, wie er mit ihr... aber so weit ist es noch lange nicht. Es folgen zähe drei Stunden in denen ein ödes Gespräch das andere ablöst und seine aktuelle Traumfrau, die ihm direkt gegenübersitzt, macht nicht mal die Beine auseinander, damit er ihr schon mal unter den Minirock linsen könnte. Schließlich wird eine Pornokassette eingeschoben: „damit Stimmung aufkommt". Kommt aber nicht. Eine weitere Stunde zieht sich dahin, in der jeder glasig auf den Bildschirm starrt. Mittlerweile ist es fast zwölf. Plötzlich hört er aus dem Obergeschoß ein bekanntes Stöhnen und Schreien. Ja wie? Tatsächlich! Die Hausfrau hat sich offensichtlich mit dem dumpf vor sich hinbrütenden Trainingsanzug ins Schlafzimmer zurückgezogen und bumst dort herum, ohne daß er irgendwas mitbekommen hat. Gregor macht sich auf die Socken nach oben. Tatsächlich, dort oben im rotbeleuchteten und mit Matratzen ausgelegten Zimmer sieht er zwei in die Luft gespreizte Frauenbeine und dazwischen den Burschen in den letzten Zügen. Hastig zieht Gregor sich aus, weil er doch auch... Sandwich und so, wie im Film. Aber kaum hat er seinen unbeachtet gebliebenen Tangaslip runtergepellt, springt die Dame schon vom Bett und huscht ins Bad. Er bleibt

65

verlegen mit dem schweigsamen Rammler zurück – irgendwie peinlich. Gerade als er der Situation entweichen will betritt die mollige Dame das Zimmer, gefolgt von dem Bierbauch. Die Reizwäsche, die sie trägt, hat ihren Namen zurecht. Sie reizt – zum Lachen. Aber egal, in Gregors Kopf kreisen zwei gespreizte Frauenbeine in der Luft, im Ohr klingen die Lustschreie nach und das hilft ihm über alles hinweg. Der Dicke leckt die Dicke und Gregor schaut zu. Plötzlich ist er wie elektrisiert. „Seine" Dame schwebt herein, mit ihrem Papagei. Gentleman wie er nun mal ist, stürzt Gregor sich nicht gleich auf sie, sondern beobachtet mit stiller Freude, wie sie von ihrem Hemdchen befreit wird und erlaubt sich, ihr ungeniert auf die Brüste zu starren. Schließlich ist das hier doch das Thema. Wer jetzt denkt, nun gehe hier die große Orgie los, der irrt sich genauso wie Gregor sich irrte. Die junge Frau ziert sich nämlich. Offensichtlich war das hauptsächlich die Idee des Papageien, hier anzutreten. Also, außer einer Handvoll Brüstchen für Gregor nichts gewesen. Wendet er sich also der älteren Dame zu, die an dem Zipfel des Bierbauchs lutscht und deren Unterpartie irgendwie zur Verfügung steht. Apropos Zipfel, bei diesem Gedanken fällt Gregor auf, daß er bisher, den ganzen Abend, auch nicht den Hauch einer Erektion hatte. Ihm ist auch jetzt nicht danach. Also robbt er zwischen die vakanten Schenkel und züngelt sich durch das Haargestrüpp. Irgendwie wird er schon noch in Fahrt kommen, irgendwie wird schon noch was abgehen hier.

Okay, wir wollen Sie nicht länger auf die Folter spannen. Es ging alles grad so weiter und deshalb überlassen wir Gregor für den Rest der Nacht seinem traurigen Schicksal. Wir lernen daraus, daß man nicht ungestraft die Phantasie mit der Wirklichkeit verwechseln darf. Eine Erektion jedenfalls bringt dieser Irrtum nicht ein, womit wir denn auch beim nächsten Thema sind.

Die Erektion

Über eine eindeutige Erscheinung, die durch-
aus rätselhaft ist und deren Bedingungen und
deren Zweck wir wider Erwarten doch nicht
ganz kennen.

Ganz offensichtlich gibt es in der biologischen Natur der Primaten, zu denen der Mensch ja in gewisser Weise gehört, mindestens zwei Gründe für eine Erektion. Vor allem einmal signalisiert und bedeutet sie sexuelle Bereitschaft. Diese Version ist uns allen bekannt und über jeden Zweifel erhaben. Zum anderen signalisiert sie aber auch Aggression. Man kann nun zwischen diesen beiden Signalen eine Verbindung sehen, muß es aber nicht. Feministinnen, denen Männliches ohnehin verdächtig ist und die männliche Sexualität, ja so gut wie alles was Männer machen, als aggressiv empfinden, haben mit der Verbindung beider Signale überhaupt keine Schwierigkeiten. Das versteht sich. Auch Biologen oder biologisch orientierte Verhaltensforscher, die in allen Lebensregungen mehr oder weniger eine Funktion der Arterhaltung sehen, werden diese Verbindung relativ leicht akzeptieren. So gibt es Affenarten, bei denen die männlichen Tiere im großen Umkreis um das Zentrum der Familie, die weiblichen Tiere und ihre Kindern, postiert sind und eine deutliche, durch die auffallend leuchtendrote Farbe des Penis betonte, Erektion zeigen.

69

Sie markieren damit natürlich nicht nur ihren Lebensbereich, sondern in gewisser Weise auch ihr sexuelles Betätigungsfeld und verteidigen so ihren Bereich gegen andere. Wir kennen diese Haltung aber auch aus der Symbolik der Menschen, nämlich dort, wo derartige Darstellungen als Abwehrzauber noch bis zum Ende des Mittelalters an Häusern angebracht wurde. In diesem Fall ist es nun überhaupt nicht mehr so eindeutig. Einmal, weil zu diesem Zweck nicht nur der erigierte Penis abgebildet wird, sondern genauso eine entblößte Vulva. Das zeigt deutlich, daß das Geschlechtsorgan ganz allgemein als aggressives Mittel gegen böse Geister und dergleichen eingesetzt wurde. Ob es sich hierbei um ein Zeichen der Behauptung des Lebens gegen die Welt der Toten handeln kann wollen wir nicht weiter vertiefen. Das würde uns zu sehr von unserem Thema abbringen. Wir erwähnen es nur insoweit, als es uns ein Zeichen dafür scheint, daß hier Aggression mit einem sexuellen Symbol dargestellt ist, ohne direkt etwas Sexuelles zu meinen. Uns scheint das auch für die Beurteilung von Vergewaltigung interessant. Wenn es uns persönlich auch schwer nachvollziehbar ist, wie ein Mann, allein schon technisch, in der Lage ist, eine Frau zu vergewaltigen – das muß doch auch für ihn sehr schmerzhaft sein – so zeigt doch das Leben, daß dieses immer wieder passiert. Die Vergewaltigung im Ehebett oder nach einer Party steht sicher in einem sexuellen Zusammenhang, das ist wohl nicht allzu fraglich. Bei den widerlichen Überfällen auf Frauen jedoch ist das nicht so klar. Nun kann man dieses bedrückende Thema vielleicht damit abtun, indem man feststellt, daß es sich bei den Tätern um gestörte Männer handelt, die anders ihre Lust nicht leben können. Nur denken wir, daß man damit dem Thema nicht gerecht wird. Die Frage, ob es sich bei dieser Tat um einen sexuellen Akt mit aggressivem Hintergrund oder einen der Aggression im sexuellen Gewand handelt ist unentschieden und schwer zu beurteilen. Anders ist es da mit den Kriegsvergewaltigungen, die offensichtlich weniger mit angestauter Sexualität als mit offenem Erniedrigungswillen, also einer eindeutigen Aggression verbunden sind. Die erschütternden Beispiele aus bosnischen Kriegsgefangenenlagern zeigen darüberhinaus, daß Männer unter Androhung der eigenen Erschießung in der Lage sind, Frauen zu vergewaltigen und zwar ohne direkte sexuelle oder aggressive Motive. Alle Gründe, die sonst zu unweigerlicher Impotenz führen, wie Öffentlichkeit, Fremdheit, Zwang und eigene sexuelle Unlust, werden durch die eigene Todesangst eliminiert. Der tödlich bedrohte Körper macht sich gegenüber Gefühl und Verstand selbständig. Was unserer Meinung nach eher dafür spricht, daß es bei Vergewaltigungen generell weniger oder überhaupt nicht um Sexualität, sondern um Aggression handelt. Sei es Aggression aus Angst oder aus Haß. Schließlich gibt es noch eine dritte Art der Erektion. Dies ist eine spontane, von unserem Wünschen und Wollen völlig unabhängige, und führt uns in unser nächstes Kapitel.

Die „Morgenlatte"

Hart ist der Zahn der Bisamratte –
doch härter ist die Morgenlatte. So sagt der
Volksmund, der es bekanntlich
genau weiß.

Ein Phänomen, das schon so lange existiert wie es die Menschen gibt, ist die morgendliche Erektion nach dem Aufwachen. Die nächtlichen Erektionen, die es genauso gibt, kriegen wir ja selbst nie mit und deshalb lassen wir sie hier auch einfach unter den Tisch fallen. Jeder von uns erinnert sich an die Aufenthalte in Zeltlagern, Schullandheimen oder Internaten, bei denen Morgens im Waschraum jeder Junge mit einem Zelt in der Hose antrat. Gelegenheit für Belustigung, obszöne Scherze oder verschämte Versteckversuche, je nachdem. Die medizinische Forschung, die sich ja vornehmlich mit der Bekämpfung von Krankheiten befaßt, und eine Erektion ist ja nun durchaus keine Krankheit, hat für diese Erscheinung denn auch bisher keine plausible Erklärung. Von der Annahme, die Erektion sei eine Vorkehrung gegen den morgendlichen Harndrang (als ob sich die Natur darum kümmern würde, daß wir nicht ins Bett pinkeln) bis zu der Erklärung es handele sich dabei um Reste der Körperstarrheit der letzten Traumphase, gehen die Meinungen auseinander. Fest steht nur, daß sie ein sicheres Kriterium für die Frage bietet, ob jemand physisch impotent ist oder psychisch. Im ersteren Fall ist auch nachts und morgens „tote Hose", im letzteren Fall gerade eben nicht. Das ist sozusagen die dritte Erscheinung von Erektion, die weder sexuell, noch aggressiv motiviert ist. Einige der von uns befragten Personen gaben denn auch an, daß sich die prächtige Erektion genau in dem Moment verflüchtigte, wenn sie selbst oder die Freundin sie als sexuelle Aufforderung mißverstanden und erfreut zur Sache übergingen.

Orgasmusfixiertheit

In diesem Kapitel wird eine scheinbar überflüssige Frage gestellt. Mit dieser Frage nach dem Verhältnis von Weg und Ziel haben sich auch schon die Philosophen befaßt. Warum nicht auch wir?

Stellen wir also ganz allgemein die Frage, warum wollen wir Sex? Da wir nicht die katholische Kirche sind, lassen wir deren Antwort, die sicher wie aus der Pistole geschossen kommt, mal diskret beiseite. Aber ist es wirklich der Orgasmus, wie wir alle stattdessen meinen? Ist es wirklich nur dieses kurzfristige Ereignis, das durch alle Medien geistert, und bejubelt wird, als handele es sich dabei um einen profunden Lottogewinn? Gut, viele Männer zielen vielleicht genauso zielstrebig auf diese Sekunden-Sensation ab, wie viele Frauen verzweifelt versuchen, sie zu erreichen. Bei den Männern, denen das allein wichtig ist, hört der Spaß dann auch schon nach den berühmten drei Minuten auf und es folgt die unvermeidliche Zigarette, schlimmstenfalls noch die unsägliche Frage: „War ich gut?". Bei den Frauen, die einer solchen Streßsituation ausgeliefert sind, führt das dann zu dem, den Familienfrieden erhaltenden, kurzfristigen Scheingestöhne und einer nachhaltigen Verzweiflung.

Natürlich ist es immer wieder ein Zwiespalt: Einerseits giert man dem Juckelpunkt entgegen, denn er hat ja was, wer wollte das ernstlich leugnen? Andererseits ist dann die Luft, in diesem konkreten Fall nämlich die Lust auch schon raus – für's erste jedenfalls. Und ging es bei der ganzen Unternehmung nicht gerade um diese Lust? Warum steigen Bergsteiger auf die Berge? Um auf dem Gipfel zu stehen oder wegen der Kraxelei? Fragen Sie mal einen!

Wenn Sie jetzt glauben, wir redeten hier gegen den Orgasmus, dann sind Sie gewaltig auf dem Holzweg. Tut uns leid, Ihnen das in dieser Deutlichkeit sagen zu müssen. Das wär ja auch zu blöd. Wir meinen damit nur, daß der Weg dahin ein mindestens genauso schönes Erlebnis ist oder anders ausgedrückt, je aufregender die Kraxelei, desto schöner der Rundblick. Können Sie uns folgen? Gut, dann wissen Sie also auch, was das mit dem Thema Impotenz zu tun hat. Richtig, ohne einen steifen Schwanz kein Orgasmus. Nach dem vorher Gesagten kann man es nun so ausdrücken: Wer nicht zu denen gehört, die den Weg vor lauter Ziel nicht sehen, wird auch an seinem Hängerchen nicht gleich verzweifeln. Es ist schon manche schöne Alpenblume am Hang gepflückt und wider Erwarten auf dem Gipfel ans Revers gesteckt worden. Oder: Wer sich nicht verrückt macht, wird es auch nicht.

Lederwams und Peitsche

*Ist einerseits die längere Beziehung eines jeden
Traum, so ist sie andererseits, aus sexueller
Sicht, für viele doch eher ein Alptraum.*

Wir wissen es: in fast jeder längeren Beziehung
läßt die sexuelle Gier, das sexuelle Fieber, die Hoch-Zeit
irgendwann nach, ebbt ab. Das muß zwar nicht zwin-
gend so sein, ist es aber mit ziemlicher Konsequenz.
Schließlich gibt es noch anderes im Leben und je ver-
trauter man miteinander wird, desto mehr gibt es miteinander zu teilen. Da wird das Sexuelle auf seinen Platz
verwiesen und das kann manchmal die Abstellkammer
sein. Dort wird sie dann leicht vergessen. Natürlich erinnert man sich hin und wieder an sie. Zum einen, weil es
doch anfangs so schön war und weil in unserer Gesellschaft Sex auf fatale Weise mit Liebe verknüpft ist. Und
liebt man sich wirklich noch, wenn man nicht auch oft
miteinander schläft? Diese Gewissensfrage ist ein durchaus gefährliches Erbe der Romantik. Zum anderen erin-
nern wir uns an das Sexuelle, weil es anscheinend bei
allen anderen immer noch ganz wunderbar klappt. Da
müßte es doch mit dem Teufel zugehen, wenn wir es
nicht auch... Aber wir können den Sex auch deshalb
nicht so ohne weiteres vergessen, weil er natürlich ein
vitales Bedürfnis ist und sich nicht gern ad acta legen
läßt. Was tun?

Einige Paare probieren es dann mit ausgefallenen Spielereien, sowohl die Lust, als auch die Erektion wieder auf Vordermann zu bringen: sie schauen sich zum Beispiel gemeinsam Pornofilme an, kaufen sich Sexspielzeug bis hin zum ausgebauten Folterkeller, der dann die etwas abgelebte Kellerbar der 60er Jahre ablöst oder sie setzen gar auf Gruppensex mit Gleichgesinnten. Gegen keine dieser sexuellen Spielarten ist ernsthaft etwas einzuwenden. Nur als Aufputschmittel hat es auch nur die Wirkung eines Aufputschmittels. Es macht einen eine Zeitlang high, und dann ist die Wirkung verflogen. Entweder muß dann eine höhere Dosis her, oder man fällt in die alte Lethargie zurück. Die Gefahr also, daß der anfängliche Lustgewinn in noch größere Ermüdung mündet, ist relativ hoch.

Was sich vielleicht auf den ersten Blick wie ein verstecktes moralisches Argument anhört, soll nur darauf hinweisen, daß es darum gehen muß, die Ursachen für die sexuelle Ermüdung herauszufinden. Zu akzeptieren, daß das Leben immer auch Veränderung bedeutet und eine Hochleistungsleidenschaft auf sexuellem Gebiet nicht ungebrochen fortdauern kann und auch nicht muß. Die Gründe sind eher im Inneren als im Äußeren zu suchen. Lernen, miteinander über sein sexuelles Empfinden und seine Bedürfnisse zu reden, kann viel heilsamer sein, als aufgesetzte Zirkusnummern.

Impotenz als Chance?

Dieses Kapitel wollen wir ganz und gar nicht
im Sinne von Gottfried Benn verstanden
wissen, der meinte, Impotenz in der Ehe sei
eine Ovation für die Ehefrau als Mensch.

Fragt man erfolgreiche Geschäftsleute, Künstler oder Politiker, wie sie mit Mißerfolgen fertig werden, so hört man immer wieder, daß gerade die Mißerfolge, Rückschläge und Fehler es waren, die diese Menschen vorangebracht haben. Erfolge machen blind heißt es. Rückschläge aber bieten, wenn man dadurch nicht in Resignation, Selbstmitleid und Mutlosigkeit verfällt, die große Chance, alles noch einmal gründlich zu überdenken und als Schluß daraus, zu verbessern. Sollte das nicht auch auf den Mißerfolg zutreffen, der Thema dieses Buches ist? Der Mann, der seine Partnerin auf andere Weise erregen muß, als durch die Allerweltsmethode, weil er anfangs „indisponibel" ist, lernt er nicht gerade dadurch, das Spektrum sexueller Möglichkeiten zu erweitern? Lernt er nicht gerade dadurch auch ihren und seinen Körper gründlicher kennen und damit umzugehen? Müssen wir hier wirklich aufzählen, was man alles anstellen kann, um Lust zu haben, ohne gleich zur angeblichen Sache zu kommen? Vielleicht vergessen Sie beim nächsten Mal einfach Ihren Schniedelwutz, den niedlichen, und wenden sich zwanglos dem linken großen Zeh ihrer Freundin zu.

Die Chance, andere Aspekte oder Spielarten der Sexualität zu entdecken ist eine Möglichkeit. Eine andere ist, uns selbst zu finden. Alles noch einmal gründlich zu überdenken, bedeutet auch, seine Emotionen zu prüfen, sein wirkliches Wünschen und Wollen zu entdecken. Damit sind wir beim nächsten Kapitel angelangt, in dem wir uns fragen werden, welche Bedeutung Impotenz haben kann. Welche Signale sendet sie uns, und was will sie uns sagen?

Impotenz als Signal

In die Körpersprache übersetzt bedeutet „Ich will nicht" eine Abwendung, ein Zurückziehen. Sehen wir's mal unter dem Thema: Achtung, hier spricht Ihr Schniedel!

Die psychoanalytische Sichtweise von Impotenz, in ihr nämlich Hinweise auf Erfahrungen und Traumata aus der frühkindlichen Entwicklungsphase zu suchen, mag in dem einen oder anderen Fall etwas für sich haben. Sie kann aber auch, wie ein bekannter Psychologe es einmal formulierte, dem Versuch ähnlich sein, eine Lebensmittelvergiftung durch die Untersuchung früherer Eßgewohnheiten zu behandeln. In der analytischen Praxis wird oft das Naheliegende übersehen, zum Beispiel, daß unser Körper angemessen auf etwas reagiert, was er von sich fernhalten will. So gesehen ist Impotenz in den meisten Fällen eine unübersehbare und eindeutige Stellungnahme unseres Instinkts über die Beziehung zu der Frau, mit der wir gerade im Bett liegen. Professor Goldberg formuliert es in seinem Buch, „Der verunsicherte Mann" so: «So seltsam es scheint, die meisten Männer glauben lieber, sie hätten ein medizinisches Problem, als ihrer Bettgenossin zu sagen: „Ich will nicht mit dir schlafen". Mit anderen Worten, Impotenz einzugestehen und zu behaupten: „Ich habe da ein Problem" ist einfacher, als zu sagen: „Du bist für mich einfach nicht aufregend". Deshalb ermuntere ich den Mann stets dazu, sich nicht als impotent zu betrachten, sondern zu sagen: „Ich will keinen Sex mit dir", und statt vorzeitige Ejakulation: „Ich will das hier so bald wie möglich hinter mir haben." Er muß lernen, seine negative Reaktion auf eine bestimmte Frau oder Situation zu erforschen und zu verstehen, anstatt eine Krankheit zu konstatieren und dann an den Symptomen zu doktern.

Körperliche Reaktionen sind immer Signale, und man muß sie ernst nehmen. Auch wenn die Botschaft sich nur körperlich äußert und nicht ins Bewußtsein gelangt, ist sie doch da und man muß sie erkennen und verstehen lernen. Goldberg schildert den Fall eines Mannes, der bei seiner Frau nahezu vollständig impotent war, bei gelegentlichen Besuchen im Puff aber vor Potenz geradezu barst.

Im therapeutischen Gespräch kam heraus, daß er im Ehebett seiner sexuellen Erregung schon immer durch Phantasien von anderen Frauen auf die Sprünge helfen mußte. Seit kurzem brachten seine Vorstellungen ihm nun nicht mehr den gewünschten Erfolg, und seitdem konnte in ihrer Nähe nichts mehr seinen Penis zu einer Erektion bewegen. Er fühlte sich von ihr erdrückt und seiner Atemluft beraubt, er spürte, daß sie ihn verachtete und jede seiner eigenständigen Regungen zu unterdrücken suchte. Er konnte sich einfach nicht durchsetzen. Statt dessen hatte er alle seine persönlichen Aktivitäten aufgegeben – den Frühschoppen, Golf, Kartenspiele mit Freunden, Angeltouren. Er ging nur noch arbeiten und dann wieder nach Hause. Während sein Verstand es vernünftig fand, daß seine Frau ihn zu Hause bei sich und den Kindern haben wollte, registrierte sein Penis seine innersten Gefühle. Er protestierte gegen die Vernichtung seines wahren Ich; er war sein Lügendetektor und machte ihm klar, daß er einer Frau, die ihn, wie er fühlte, zerstörte, nicht seelisch oder physisch nahe sein wollte. Die Eingebundenheit in eine zumindest im Moment als unauflösbar empfundene unbefriedigende Beziehung führt bei vielen Männern zu einem Leben in stiller Verzweiflung und damit zur Impotenz. Sexphantasien, Aufputschen über Pornos oder dubiose Potenzhilfen führen noch tiefer ins Desaster. Damit demonstriert der Mann nur fehlenden Respekt vor sich selbst und die Zurückweisung seiner wahren Gefühle.

Goldberg empfiehlt daher: «Ein Mann soll nur unter der Voraussetzung echter, spontaner und völliger sexueller Erregung mit einer Frau schlafen» und nicht etwa aus Nettigkeit oder Pflichtgefühl. Der Penis, so Goldberg: «ist vielleicht das einzige empfindliche Barometer für das wirkliche sexuelle Empfinden des Mannes».

Nun ist das alles leichter gesagt als getan. Wer bringt es schon fertig, seiner Freundin oder Frau zu sagen, daß man keine Lust auf sie hat? Trotzdem sollte uns dieser Gedankengang wenigstens Anlaß sein, unsere jeweilige Situation ehrlich und mutig zu überprüfen und notwendige Schritte ernsthaft ins Auge zu fassen.

Wie wichtig ist Sex?

In diesem Kapitel finden Sie noch eine dieser
merkwürdigen Fragen und werden sehen, daß
sie so merkwürdig gar nicht ist.

Sex ist sehr wichtig, werden Sie vermutlich sagen
und haben sogar recht damit. Aber heißt das automatisch, daß Sex das Wichtigste ist? Heißt es, daß Sex der
Gradmesser für alles und jedes in einer Beziehung ist?
Sicherlich nicht. Seit einigen Jahren scheint es, als wäre
Sex für uns ein Synonym für Glück. Ist es ohnehin schon
gefährlich, alles Glück der Erde an einer Sache auf-
zuhängen, so ist es das für die Sexualität ganz besonders. Sind wir eigentlich wahnsinnig, uns ausgerechnet
das fragilste, empfindlichste und von unendlichen
Unwägbarkeiten gekennzeichnete Medium zum Dreh-
und Angelpunkt unserer Glückssuche zu machen? Verlangen wir doch um Himmels willen von unserem Verlangen nicht mehr als es zu leisten imstande ist. Bürden
wir unserer Sexualität nicht auf, was sie nie und nimmer
tragen kann. Es geht dabei keinesfalls um einen Maßhal-
teappell, nicht um Askese oder um „weniger ist mehr",
sondern darum, daß viel nicht alles ist und, daß das
Sexuelle nur die Rolle spielen sollte, die ihm angemessen
ist. Das ist bei dem einen dies und bei dem anderen das.
Herauszufinden, was man jeweils braucht und kann, ist
Sache jedes einzelnen, da helfen keine Schemata.

Wenn Sie zum Beispiel gerade eine interessante Idee verfolgen, sei es hobbymäßig, geschäftlich oder ganz allgemein privat, dann haben Sie doch sicher auch schon bemerkt, daß Sie dann für Sex erst in zweiter oder dritter Linie Interesse haben. Oft paßt es Ihnen dann eigentlich nicht, daß Sie sich jetzt auch noch mit Sex und allem, was für ihn nötig ist, beschäftigen sollen. Ihr emotionales Potential ist anderweitig gebunden, und Sie sollten das auch ernst nehmen. Bevor Sie nämlich Ihre Idee nicht bis zu einem bestimmten, erfolgversprechenden Punkt vorangetrieben haben, wird Sex für Sie eher eine etwas lästige Pflichtveranstaltung sein. Von Pflichtveranstaltungen hat aber eigentlich niemand etwas, weder Sie, noch ihre Partnerin. Wenn Sie dann, beglückt über das Gelingen Ihres Projektes, eine Pause machen, stellt sich die Lust fast automatisch ein. Sie legen ihre Euphorie noch in den Sex hinein und werden entsprechend potent sein – ganz sicher. Kurz gesagt: halten Sie sich den sexuellen Streß vom Leibe, wenn Sie mit Ihren Gefühlen und körperlichen Empfindungen glücklich und im reinen sein wollen.

Die sogenannten Ratgeber

*Wer viel fragt, bekommt viele Antworten,
heißt es. Aber ist jede Antwort auch wert, was
sie vorgibt zu sein?*

Zum Thema Sexualität sind eine Unmenge Ratgeber auf dem Markt. Man könnte also durchaus fragen, warum wir noch einen schreiben. Erstens ist dies aber nicht ein Ratgeber im eigentlichen Sinn, sondern eher eine Bestandsaufnahme und ein erster Versuch, die Grundprobleme mental bedingter Impotenzerscheinungen zu benennen. Zweitens gibt es von „Wie mache ich eine Frau an" bis „Wie befriedige ich eine Frau" so ziemlich das ganze Spektrum, mit dem ein Mann mögliches Unwissen aufbessern kann – wenn er denn kann!!! Daß manche Männer manchmal eben nicht können, und daß dieses für sie ein erhebliches psychisches und natürlich auch technisches Problem ist, wird merkwürdigerweise kaum erwähnt. Wenn es erwähnt wird, dann mit wenigen Zeilen und einem jovialen: „Nur Mut, es wird schon klappen".

Viele der Ratgeber zu sexuellen Fragen kommen aus den USA, das nicht mit New York oder San Francisco gleichgesetzt werden darf, sondern ein recht prüdes, puritanisches und von religiösen Sekten geplagtes Land ist. Jedenfalls bestehen diese Ratgeber oft aus dieser typisch US-amerikanischen Mischung von grenzenloser Naivität und Sendungsbewußtsein. Manche davon sind derart kindisch, daß es einem die Sprache verschlägt, daß derartiges überhaupt verkäuflich ist und dann auch gleich noch millionenfach. Nehmen wir zum Beispiel den derzeitigen Bestseller „Wie befriedige ich eine Frau" von Naura Hayden. Das Buch geht folgendermaßen: Das wichtigste im Leben ist eine lebenslange Ehe. Die meisten Ehen werden aber leider geschieden. Schuld daran ist, daß die Männer ihre Frauen sexuell nicht befriedigen können, so wie der liebe, liebe Gott es eigentlich gewollt hat, weil sie ihr immer sofort den Schwanz reinstecken, zack, bum und fertig. Stattdessen sollen sie ihre Frau streicheln, bis sie bettelt: „Steck ihn mir bitte rein". Das sollen sie aber nicht tun, sondern weiterstreicheln, bis sie sie anfleht. Dann sollen sie ihn ihr nur einen Zentimeter weit reinstecken. Erst wenn sie wie verrückt bettelt, geht's einen Zentimeter weiter. Und so immer fort, bis er dann ganz drin ist und sie in einem wahren Orgasmus-kollaps explodiert, und zwar garantiert – sagt Frau Hayden. Falls der Mann nicht so recht kann, liegt das lediglich an Nikotin oder Alkohol, ist also ganz leicht abzustellen. Auf diese simple Weise hält dann die Ehe garantiert ein Leben lang und alles ist in Butter. Das ist das ganze Buch. Es ist dann noch ein wenig verlängert um endlose Kapitel, in denen Frau Hayden ihren selbstgebrauten und perfekt vermarkteten Multivitaminsaft anpreist. Den empfiehlt sie nämlich, damit die Geschlechtsteile ordentlich stramm und aktiv werden, denn, wie gesagt, Gott will eigentlich, daß in der Ehe anständig und lustvoll gevögelt wird. Wie schön!

Das einzig richtige an dem Buch ist die Binsenwahrheit, daß Sex nicht Rammeln heißt. Was der Autorin allerdings vollständig entgeht, ist die Tatsache, daß Sex erstens, wie alles im Leben, ungeheuer kompliziert, vielfältig, facettenreich und widersprüchlich ist, und, daß sowohl die Menschen als auch die Umstände, in denen Sex gelebt wird, durchaus verschieden sind und bei diesem und jenem und hier und dort dieses und jenes gewünscht und angebracht ist. Wer natürlich ernsthaft glaubt, Sex bestünde lediglich darin, daß der Mann möglichst unverzüglich seinen Schwanz in die Möse rammt, dem ist wohl kaum zu helfen. Jedenfalls darf derjenige sich nicht wundern, wenn gar nichts klappt: die Beziehung nicht, der Sex nicht und auch nicht sein körperliches Vermögen zum Geschlechtsverkehr. Festzuhalten bleibt, daß sowohl Schmusesex, langsam und zärtlich, wie auch harter Sex mit hirnfetzender Geilheit ihre Berechtigung und ihren Zeitpunkt haben.

Hilfsmittel

„Die Nesselsorte links hier ergab rasch ver-
gänglichen Reiz. Die andere: beständig,
jedesmal beim Feuchtwerden. Und die
höllischdritte sogar lebenslängliches
Irrsinnsjucken: nun wähle".

Der Icherzähler in Arno Schmidts „Gelehrtenrepu-
blik" wählt zwar vorsichtig die raschvergängliche Sorte,
seine Geliebte, die Zentaurin Thalja jedoch, bearbeitet
seinen Schwanz mit dem höllischdritten Nesselkraut
und hält ihm auch gleich ihr feuchtes Hinterteil hin,
damit er sich fleißig in ihr das Jucken abarbeite. Das ist
ja das Schöne an der Literatur, daß in ihr alles möglich
ist. In der grauen Wirklichkeit allerdings sieht es mit der-
artigen Potenzverstärkern oder Potenzverlängerern sehr
traurig aus. Es gibt zwar eine Unmenge von Substanzen
auf dem paramedizinischen Markt, also vor allem in
Sexshops oder dem entsprechenden Versandhandel, die
jedoch alle eines gemeinsam haben, nämlich, daß man
an sie glauben muß. Von den vielen Mittelchen, die der
Volksmund anpreist, sagen Mediziner in etwa dasselbe.

Eine andere Sache sind die mechanischen Hilfs-
mittel. Da gibt es vor allem eine Art Saugpumpe. Das ist
eine Röhre, so lang wie ein steifer Schwanz, in die man
seinen schlappen Fidibus steckt. Dann pumpt man die
Luft aus der Röhre und der Penis füllt sich durch den
Unterdruck mit Blut und schwillt zu voller Erektion an.

Jetzt streift man einen starken Gummiring vom Eingang der Röhre auf die Schwanzwurzel und hat so für eine halbe bis ganze Stunde einen Steifen – so sagt es jedenfalls die Herstellerfirma. Mag sein, daß mit diesem Verfahren – wenn es denn funktioniert – dem einen oder anderen geholfen ist. Wir sind da etwas skeptisch. Nach allem, was wir bisher gesagt haben, hat Erektionsschwäche nahezu immer eine psychische oder soziale Ursache. Die kann man vielleicht durch mechanische Tricks überspielen, aber nicht zum Verschwinden bringen. Die Psychologie lehrt aber, daß Ursachen, die verdrängt werden, im Untergrund erst recht aktiv werden und die Probleme erst richtig schlimm machen. Was aber ist ein mechanisches Überspielen anderes als Verdrängung.

Außerdem, wollen Sie immer mit so einer Luftpumpe rumlaufen? Fahrradfahrer können Ihnen was zu diesem Anhängsel erzählen.

Bilder – vierter Teil

Wenn Sie endlich Beispiele aus dem Leben haben wollen, hier finden sie einige. Ernsthaft oder komisch, auf jeden Fall lehrreich, sogar für Computerfreaks.

Auch wenn die Theorie, daß Bilder des Kinos oder die Bilder der einschlägigen Heftchen eins zu eins in die Wirklichkeit wirken, höchstwahrscheinlich falsch ist und nur von denjenigen ernstgenommen wird, die sowieso gerne nach der Schere der Zensur rufen, so muß man doch sehen, daß sie uns durchaus mehr oder weniger beeinflussen können. Unser ganzes angelerntes Leben, also der Teil unseres Verhaltens, der vorrangig durch Vorbild und Lernen bestimmt ist, besteht aus Mustern und Bildern, für die wir uns entscheiden und die wir uns zum Vorbild nehmen, was unsere Wünsche betrifft. Von der Art, wie wir erfolgreich sein wollen, wozu wir es bringen wollen bis hin zu dem, was wir an Sexualität als besonders aufregend empfinden. Natürlich ist es fast jeden Mannes Traum, es einmal so zu bringen, wie die Helden der diesbezüglichen Leinwand, die Stars der Pornovideos. Die haben nicht nur ewig einen steifen Schwanz, sondern denen steht er auch noch nach dem Abspritzen senkrecht und federnd steil vor dem Bauch und das bis zum Nabel, denn die nächste Dame erwartet ihn schon mit sehnsüchtigen Kulleraugen und mit von

lasziver Zunge gelecktem Lutschmund. Das ist der Stoff
für die Träume. Die Träume an sich und die Träume der
Phantasie, wenn es gilt, sich selbst zu verwöhnen. Bei
jedem realen Beisammensein jedoch spielen so viele
unterschiedliche Komponenten eine Rolle, daß für's
Träumen gar kein Raum mehr bleibt, sondern die Wirklichkeit wahrgenommen werden will und Einfühlungs-
vermögen angesagt ist. Wer seine Hochglanzträume
nicht aus dem Kopf kriegt, wird unweigerlich in der pro-
saischen Wirklichkeit, mit ihren falschen Bewegungen,
falschen Bemerkungen, ihren Gerüchen, Pickeln, Falten
oder widrigen Begleitumständen, Schwierigkeiten mit
der Erektion bekommen. Damit zumindest. Sexualität
wird zuallererst vom Stammhirn, dem mehr oder weniger instinktgesteuerten ältesten Teil unseres Hirns
gelenkt und nicht vom Großhirn. In der Sprache von
Computerfreaks ausgedrückt: Sexualität ist weitreichend
Sache des Betriebssystems und nicht der Anwendersoft-
ware. Was das Betriebssystem nicht hergibt, kann die
raffinierteste Software nicht wettmachen. Deshalb ist es
so notwendig, daß wir uns über unsere Hardware und
ihr Betriebssystem klar werden, ehe wir auf aberwitzige
Programme schielen. Unsere Hardware ist unser Körper
und sein Betriebssystem die körpereigenen Steuerungs-
mechanismen. Die Programme dagegen sind die ange-
lernten Fähigkeiten, unsere Phantasie und unsere Wünsche. Sex kann also nur funktionieren, wenn wir unserem Körper und seinem durch körperrelevante Empfindungen gesteuertem Verhalten die Oberhand lassen und

ihn nicht durch zwar schöne oder aufregende Bilder und Vorstellungen irritieren oder sogar zum Absturz bringen. Ein kleines Beispiel mag dies illustrieren.

Klaus, ein 35-jähriger Geschäftsmann, lernt die Freundin eines entfernten Bekannten kennen und findet sie derart attraktiv, daß sie sein Verlangen weckt. Ziemlich schnell wird jedoch klar, daß da nichts läuft. Die beiden versuchen es also mit einer sogenannten platonischen Freundschaft: Ausgehen, reden, lange Spaziergänge und hin und wieder mal begleitet sie ihn auf eine Geschäftsreise. Sie ist zwar mit ihrem eigentlichen Freund seit längerem fertig, hat aber entweder nicht die Kraft oder das unbedingte Verlangen, diese alte Beziehung endgültig aufzukündigen. Während sie es in diesem Schwebezustand genießt, jemanden zu haben, der mit ihr redet und sich liebevoll um sie kümmert, ohne daß sie dafür mit Sex bezahlen müßte, befindet er sich je länger desto mehr in einem Zwiespalt zwischen vereinbartem Wohlverhalten und sexueller Begehrlichkeit. Schließlich bittet er sie, ihn auf einer mehrtägigen Geschäftsreise nach San Francisco zu begleiten. Sie ist hin und her gerissen. Einerseits macht ihr Freund ihr Vorhaltungen, andererseits lockt sie die kostenlose Möglichkeit, die Traumstadt endlich zu sehen. Sie entschließt sich, das Risiko einzugehen und fliegt mit. Das Risiko scheint ihr schon deshalb gering, da auch sie sich mittlerweile vorstellen kann, die neue Beziehung auf- 's Sexuelle auszuweiten. Wenn sich denn was ergäbe, so wär's dann auch egal. Die Reise und der Aufenthalt in San

Francisco werden traumhaft. Klaus, der über das nötige Kleingeld verfügt, macht ihr einen schönen Tag nach dem anderen. Allein das Luxushotel, direkt an der Bucht gelegen, ist schon die Reise wert. In der letzten Nacht jedoch reitet ihn der Teufel. Statt wie bisher friedlich neben seiner Dame im luxuriösen Doppelbett zu liegen beginnt er, ihr näher zu rücken. Und da sie nicht, wie eigentlich erwartet, protestiert, sondern es geschehen läßt, näher und näher. Nun ist er jedoch nicht ganz Herr seiner selbst, weil er immer noch schwankt zwischen seinem Passivitätsversprechen und seinen sexuellen Wünschen. Entsprechend indifferent verhält sich auch sein Schwanz. Nicht weich, nicht steif. Jetzt aber muß es sein und zwar unbedingt. Als erfolgreicher Geschäftsmann fängt er an, das Problem zu managen, auf Teufel komm raus. Als es auf die gewohnte Weise erstmal nicht richtig gelingt, wird, statt die Sache sich ruhig entwickeln und die Körper sich auf das Ereignis einstellen zu lassen, das Phantasiekino angeschaltet. Da gibt es doch so allerhand Aufregendes und irgendein Bild wird doch dazu taugen, den Bengel steif zu machen. Wäre doch gelacht. Was folgt sind traurige bis lächerliche zwei Stunden, in denen er als dilettierender Pornoregisseur und gleichzeitiger (allerdings gehandicapter) Darsteller eine angeblich scharfe Einstellung nach der anderen durchprobiert. Auf dem Tisch, auf dem Sessel, in der Badewanne, von vorne, von hinten, von oben, von unten, im Liegen, im Stehen, in der Hocke oder auf den Knien, mit der Möse, mit dem Hintern, mit dem Mund, mit der Hand – alles umsonst. Der arme Schwänzling hat sich ob dieses Horrorsexmarathons längst verabschiedet und liegt friedlich schnarchend im Körbchen. Das Ergebnis ist einzig und allein ein tiefschwarzer Schatten über den schönen Tagen in San Francisco, eine total entnervte, heulende Frau, die nix wie heim und dann auf Nimmerwiedersehen auf und davon will, und ein frustrierter und ratloser junger Geschäftsmann. Soweit diese Geschichte.

Natürlich sehen wir alle, was falsch gelaufen ist. Hinterher ist man schlauer und als Außenstehender sowieso. Statt sich mit der neuen Situation, daß Sex doch möglich ist, langsam und angemessen vertraut zu machen, statt vorsichtig ein erregendes sexuelles Klima zu erzeugen, in dem „Es" dann auch, wenn heute nicht dann morgen, geschehen kann, mußte er unverzüglich und um jeden Preis den lange erhofften Geschlechtsverkehr „vollstrecken" und die Frau aufs Bett nageln. Das Betriebssystem, um auf unseren Vergleich zurückzukommen, war völlig überfordert, da auf seine Zugriffsmöglichkeiten überhaupt keine Rücksicht genommen wurde, sondern die kompliziertesten Programme zum Laufen gebracht werden sollten. Absturz und Ende der Vorstellung.

Ähnlich steht es um den jungen Mann, der seinen Urlaub in Rio verbrachte. Er lernte dabei eine einheimische Frau kennen und lieben und verbrachte mit ihr das, was man als ein Traumerlebnis bezeichnet. Sex am laufenden Band, brasilianisch heiß und vom Feinsten. Er kann die junge Frau sogar dazu bewegen, mit ihm nach

Deutschland zu kommen. Er hat also, wie man meinen kann, sein Glück gemacht. Wie in fast jeder Beziehung jedoch zieht das Alltagsleben irgendwann die rotsamtenen Vorhänge des Liebesrausches zur Seite. Im harten Tageslicht sieht manches dann doch etwas anders aus. Die Frau hat Heimweh, sie fühlt sich unangemessen abhängig von ihm und außerdem ist es ihr viel zu kalt im regnerischen Deutschland. Es hilft alles nichts, sie will zurück und fährt zurück.

Das ist eine traurige Geschichte und wer ähnliches noch nicht erlebt hat, soll sich hüten, sowas auf die leichte Schulter zu nehmen. Doch irgendwann, so ist es glücklicherweise, heilen auch tiefe Wunden und das Leben geht weiter. Unser junger Freund lernt also eine andere Frau kennen, ein nettes und hübsches Mädel und alles ist wieder gut – denkste. Beim sexuellen Teil der Geschichte angekommen, versagt ihm sein bestes Teil den Dienst und zwar hartnäckig. Auch bei der nächsten Freundin und der übernächsten. Was war passiert? In seinem Kopf ist seit Rio Samba angesagt, Samba und dunkle Haut. Ist die Frau dunkelhäutig, klappt's wie bisher, ist sie es nicht, tritt sein Fidibus erst gar nicht zum Dienst an. Was bleibt unserem Kandidaten? Der Puff mit käuflicher dunkler Haut und ansonsten Frust und Zerknirschung. Nicht, daß er ein Rassist wäre, überhaupt nicht, er findet die Frauen hier ja prima. Nur im Bett läuft da immer so ein dunkler, heißer Sambafilm ab.

Schließlich wäre da noch die Geschichte von Jörg, einem Softwarespezialisten. Jörg hat in der Regel recht viel zu tun und wenig Zeit, sich nach einer passenden Frau umzusehen. So gibt es bei ihm vielleicht öfter als bei anderen seiner Altersklasse Zeiten, in denen er halt keine Freundin hat. Natürlich heißt das dann nicht, daß er nicht gern eine hätte, man ist ja nicht aus Holz und der Handbetrieb scheint zumal dem Hochtechnologiefreak etwas anachronistisch. So nimmt er denn was kommt. Als Softwarefachmann müßte er allerdings auch wissen, daß nicht unbedingt alles und jedes kompatibel ist und eine Beziehung, die nicht die rechten Voraussetzungen hat, oder von einem Teil gar nicht so richtig gewollt wird, entsprechend wenig Chancen hat, zu glücken. Unser Spezialist hat zudem schon des öfteren bemerkt, daß sein Organ nicht immer ganz so will wie er. Das gibt ihm etwas zu denken. Anscheinend aber braucht das Vögeln nicht allzuviele Voraussetzungen, denkt nicht nur Jörg, der sich damit beruhigt, daß er ihr notfalls ein Paar Strapse umhängt und dann wird's schon reichen, um genügend geil zu werden. Auch die Freundin denkt ähnlich voraussetzungsarm. Sie meint, wenn sie nur das Höschen auszieht, steht ohnehin sofort jedem Mann der Schwanz. Ist doch gar keine Frage.

Die junge Frau allerdings liebt ihren Jörg, sieht die Beziehung nicht nur als Affäre und versucht durch Unterwürfigkeit und hausfraulichen Eifer wettzumachen, was er sonst an ihr vermissen mag. Ihm aber ist das alles schon gar nicht mehr geheuer. So eng hatte er sich die kleine Abwechslung nicht vorgestellt, und er beginnt, sie auf Distanz zu halten. Er läßt sich auch schon mal am Telefon verleugnen, wenn sie ihm allzu lästig wird. Ideale Voraussetzungen also für eine harmonische und sinnliche Liebes- und Sexbeziehung. Egal, Sex muß sein und wenn es Schwierigkeiten gibt, muß man da halt durch. Mit dieser Haltung verläuft der erste Show-down dann auch programmgemäß: sie zieht das Höschen aus (!) und ... nichts regt sich. Jetzt geht er also Wäsche kaufen, das heißt Dessous (lecker, lecker denkt er), und weil sie ihrem Jörgli doch gefallen will, läßt sie sich folgsam von ihm dekorieren. Nun steht sie vor ihm mit knappstem Tangaslip, schwarzen Strapsen und, und, und. Er steht auch vor ihr oder besser hängt, denn man sieht es ihr deutlich an, daß sie keinesfalls lecker, lecker denkt, sondern daß sie sowas ja kreuzunpraktisch findet. Es zwickt und kneift nicht nur in der Poritze und man kann es ja auch nicht kochen. Wie soll denn sowas jemals wieder richtig sauber werden. Jörg, der gelernt hat, am Problem dranzubleiben, legt noch eins zu. Wenn die Dekoration es allein nicht schafft, schafft es das Stellungsrepertoir, oft gesehen in den einschlägigen Filmen. Und womit fängt das immer an? Richtig, mit Blasen. Also geht seine Dame brav auf die Knie und läßt sich sein weiches Teilchen in den Mund stopfen. Unerfahren wie sie ist, vergißt sie jedoch, dabei zu atmen und steigt nach einigen Sekunden mit hochrotem Kopf und nach Luft gurgelnd wieder in die Höhe. Das wiederholt sich noch einige Male, sie kennt doch den Film nicht, der da in seinem Kopf läuft. Also gut, dabei wollen wir's denn mal belassen.

In and out

*Was machen eigentlich Frauen mit Silikon-
einlage im Busen, wenn große Brüste mal wieder nicht mehr modern sind? Eine kleine
Betrachtung zum Trend.*

Es gibt eine ganze Menge Leute, denen die eigene
Meinung oder ihr persönliches Für und Wider weniger
wichtig ist als die Meinung anderer. Früher nannte man
das Opportunismus, wenn man sein Fähnchen stets nach
dem neuesten Wind hängte. Heute nennen sich diese
Menschen selbst gern „trendy“. Die diversen Szene-
Magazine, die wohl hauptsächlich für diese Kunden
gestrickt sind, und die sozusagen super-trendy sind, bieten deshalb auch jedesmal lange Listen an, mit dem was
gerade „in“ ist und was „out“. Machte man sich die
Mühe, diese Listen auch nur ein Jahr lang zu sammeln,
so fände man fast jede Lebensäußerung mal auf der
einen, mal auf der anderen Seite. Wollte jemand wirklich
sein Leben danach ausrichten, es geriete zur Riesensla-
lomfahrt und endete mit verknoteten Haxen, weil das
rechte Bein grad besser in die Linkskurve, das linke aber
in die Rechtskurve soll.

Besonders dramatisch wird sowas bei sexuellen
Trends. Einmal soll's der weichgespülte Schmusekater
sein und zwar ausschließlich nur der. Beim nächsten Mal
ist es dann der muskelgestählte, rastagelockte Macho,
der angeblich allen Frauen die Feuchtigkeit in die Augen

und ins Höschen treibt. Dann wieder fliegen angeblich alle Frauen nur auf verständnisvolle, gebildete und väterliche Typen. Der trendbewußte Zeitgenosse stellt sich mit Eifer auf das neueste Modell ein, wobei es natürlich fraglich ist, ob ihm das überhaupt jemals wirklich gelingt. Gerade hat er seine väterliche Ruhe demonstriert, da fällt sein Blick aufs neueste Magazin. Genervt muß er dort lesen, daß ab heute wieder lange und dicke Schwänze gefragt sind, und zwar egal, was für ein Mann da dran hängt. Nach dem Motto: „Würden Sie im Laden auch immer das mickrigste nehmen?" So geht das von Heft zu Heft. Wer da mithalten will, muß schon extrem masochistisch veranlagt oder einfach etwas verrückt sein. Daß bei solchem „Warenweltverhalten" der Mensch auf der Strecke bleibt – wen wundert's.

Kapitel 23

Liebe ohne Sex?

Von Minnesang und anderen artifiziellen Lie-
besspielen. Von romantischen Schmachtgedich-
ten und großen Gefühlen bis, wer hätte das
vermutet, zur Syphilis.

Seit einiger Zeit kommt auch bei uns die soge-
nannte neue Keuschheit, oder Enthaltsamkeit auf. Dieser
Trend stammt natürlich, wie so vieles andere auch, aus
den USA. Männer mit Potenzstörungen haben hier endlich einmal die grandiose Möglichkeit, ihre Schwäche
mit dem Vorwand, „mega-trendy" zu sein, diskret zu
verdecken. Doch Spaß beiseite. Was steckt dahinter? Ein
neuer Viktorianismus? Neue Prüderie? Nicht ganz. Das,
was wir als Liebe bezeichnen, ist ja in erster Linie eine
Kulturleistung und nicht ein genetisch bedingtes
menschliches Verhalten wie der Sex. Das Verständnis
von dem, was Liebe eigentlich sei, schwankt denn auch,
je nachdem, was einer Kultur als erstrebenswert
erscheint. So war Liebe zur Zeit der Minnesänger eher
eine Art poetischer und ritterlicher Wettstreit mit genau
festgelegten Regeln, bei denen es mehr um Kunstfertig-
keit des Ausdrucks und Vollendung der Formen, als um
direkte amouröse Abenteuer, wie wir es heute verstehen
würden, ging. Im ausgehenden Barock, dem leichtfüßi-
gen Rokoko, ging es dagegen um viel konkretere Abenteuer, wie es uns die Schriften Casanovas vermitteln. In

der Romantik wiederum war unerfüllte Sehnsucht Trumpf. Manche, vom heutigen sexuellen Gequatsche entnervte Zeitgenossen, wünschen sich die Blüte der reinen und holden Liebesromantik zurück, verdrehen dabei verzückt die Augen und vergessen leider, mit wieviel persönlichen Katastrophen diese süße Schwärmerei bezahlt werden mußte. Gar nicht so selten wurden etliche dieser so bewunderten Entsagungskünstler von der Syphilis dahingerafft. Die holten sie sich abseits der großen Gefühle, denn ihren sexuellen Druck ließen sie im Puff ab und nicht bei der, ach, so holden Geliebten. Heute dagegen hat man den Eindruck, Liebe werde nur noch als Sex verstanden, Liebe und Sex seien sozusagen ein und dasselbe. Wir sehen also, Liebe ist schon auf die verschiedensten Weisen interpretiert worden, von völliger Abwesenheit von Sex bis hin zu seinem Synonym.

Rein theoretisch ist es daher auch durchaus möglich, Liebe ohne Sex zu leben. Schließlich kann man sich auch lieben, indem man lediglich über Briefe miteinander verkehrt. Es gibt da schließlich grandiose Beispiele in der Weltliteratur. Man kann sich auch lieben, ohne zusammen zu leben, ohne zusammen zu essen oder sonstwas. Die Frage ist doch nur, ob es sinnvoll, beziehungsweise angenehm ist. Das hängt aber hauptsächlich vom eigenen Gusto ab und da sind die Menschen eben verschieden. Ein ganz anderer Aspekt dieser Frage ist die Reaktion auf sexuelle Überreizung, sei es persönlicher Natur oder als Abwehr äußerer Ansprüche und Vorgaben.

Im Zusammenhang mit der „sexuellen Befreiung"
entstand ein ziemliches Leistungsklima. Man mußte möglichst oft und mit möglichst vielen vögeln, um „in" zu
sein. In der Folge geriet der Sex zu einer Art Sport, zum
Leistungsbeweis schlechthin. Die jahrhundertelange
Tabuisierung des Sexuellen und die daraus resultierende
Verklemmtheit führte jetzt zu einem übersteigerten Nach-
holbedarf, dem man auch mit Überstunden kaum gerecht
zu werden schien. Ein Extrem gebar das nächste. Ob in
der nüchternen Wirklichkeit tatsächlich so sehr viel mehr
gebumst wurde, sei dahingestellt, entscheidend jedenfalls
war der Gruppendruck. Man mußte einfach aufgeklärt,
sexuell aktiv und sexuell erfolgreich sein. Der bekannte
und oft zitierte Spruch: „Wer zweimal mit derselben
pennt, gehört schon zum Establishment" sei auch an dieser Stelle als beredter Ausdruck für das „sexuell befreite"
Klima genannt.

Manchmal sieht es wirklich so aus, als gäbe es auf-
grund dieser Entwicklung mittlerweile zwischen Männern und Frauen nur noch eine Art der Kommunikation,
nämlich die sexuelle. Gefühle, Liebe, Herzflimmern,
Romantik, gemeinsame Interessen, alles anscheinend
vorbei und vergessen. Übrig einzig und allein das Bett,
die Luxuswühlstatt mit Satinwäsche, auf der jede Nacht
die Super-Sex-Lifeshow stattzufinden hat. Natürlich mit
frisch gebuildetem Body. Wenn dem tatsächlich so ist,
was wir nicht ganz glauben, wäre es dann verwunderlich, wenn sich mehr und mehr Paare diesem Streß ent-
zögen? Wohl kaum. Natürlich ist eine derartige Sex-

besessenheit und Sexfixiertheit ein idiotisches Extrem. Im schlimmsten Fall führt es geradezu in ein dem Alkoholismus vergleichbares Suchtverhalten. Schon gibt es deswegen auch Therapiegruppen, analog zu den Anonymen Alkoholikern. Daraus aber die Konsequenz zu ziehen, es überhaupt nicht mehr miteinander zu machen, ist ein ebensolches Extrem. Für Wotan und Kati (die kennt inzwischen wohl fast jeder), die zu diesem Thema von einer Talkshow zur nächsten eingeladen werden, mag das ja persönlich DIE Entdeckung sein. Daß ihr Motto: „Wir wollen nicht müssen" sich zwangsläufig in ein „Wir müssen nicht müssen wollen" verwandelt, scheint ihnen bisher jedenfalls noch nicht aufgegangen zu sein. Offensichtlich ist der Mensch nur schwer davon abzubringen, von einem Extrem ins andere zu fallen. Einigermaßen vernünftige Mittelwege sind wohl nicht nur bei Revoluzzern unbeliebt.

Sex ohne Liebe?

*Das Kontrastprogramm redet über Affen und
andere Zeitgenossen sowie über Onanie.
„Nichts gegen Selbstbefriedigung", sagt dazu
Woody Allen, „schließlich ist das Sex mit
jemandem, den ich sehr gerne mag".*

Im Unterschied zur Kulturleistung „Liebe" ist der
Sexualtrieb ein genetisch festgelegtes Programm. Jeder
Mensch hat ihn. Ohne ihn wäre der Fortbestand der Spe-
zies nicht gewährleistet, und das ist ja bekanntlich das,
was „die Natur" am meisten interessiert. Grundsätzlich
hat also Sexualität mit Liebe erst einmal gar nichts zu
tun. Bei dem, was da im Vorfeld zwischen den Geschlech-
tern abläuft, geht es, kulturelle Beeinflussung mal
ausgeblendet, um etwa das Niveau, das Miß-Wahlen,
Striptease-Shows oder Bodybuilding-Wettbewerbe aus-
zeichnet: um nichts anderes als um körperliche Vorzüge!
Da mag jeder Schöngeist erschaudern, es hilft nichts. Ist
im Tierreich Brunftzeit angesagt, dann gibt es nur noch
eins und egal mit wem und wievielen, Hauptsache man
wird rangelassen. Das geht bis quer durch die Verwandt-
schaft und – man kennt das etwas peinliche Erlebnis mit
Rüden – auch bis zu gerade vorhandenen Besucherbei-
nen. Viel anders ist es beim Menschen auch nicht, nur
daß diese Grundstruktur dort durch kulturelle und
gesellschaftliche Regeln und Anforderungen manchmal

bis zur Unkenntlichkeit überlagert ist. Wir sind es seit Jahrtausenden gewöhnt, Sexualität mit Liebe gleichzusetzen und es fällt uns daher entsprechend schwer, uns das eine getrennt vom anderen vorzustellen. Besonders Frauen sind dazu erzogen und haben besondere Schwierigkeiten damit, wie wir im Kapitel „Impotenz und Frigidität" gesehen haben. Nun onaniert so ziemlich jeder Mensch, und – mal ehrlich – kann man dabei von Liebe reden? Von Selbstverliebtheit etwa? Klar, man mag sich schon ganz gerne, aber hauptsächlich geht es dabei doch um sexuelle Befriedigung oder einfach darum, daß man leichter einschlafen oder Streßsymptome, z.B. vor einer schwierigen Arbeit, Prüfung etc. abbauen kann. Mancher Beziehung wäre sicherlich geholfen, wenn sich die Beteiligten diesen Tatbestand, daß Sex nicht unbedingt etwas mit Liebe zu tun hat, eingestehen würden. Sexuelle Lust oder Unlust ist deshalb auch kein geeigneter Gradmesser für gegenseitige Zuneigung. Beziehungen, in denen viel gevögelt wird, sind keineswegs stabiler, ausgeglichener oder liebevoller als solche, in denen Sex eher eine Nebenrolle spielt. Die Beziehungskiste ist aus vielen Brettern gezimmert und nur eins davon heißt vögeln.

Außerdem wissen wir alle, daß der Sex, der sich in unserer Phantasie abspielt, herzlich wenig mit Liebe zu tun hat. Dabei hängen wir unseren kleineren und größeren Lüsten nach, oder sind einfach nur geil. Solche Typen, die für jedes sexuelle Lüftchen, das ihnen durch den Kopf weht, gleich eine Frau flachlegen müssen und

dann dazu ein wenig auf Liebe machen, um sie rumzu-
kriegen, die sollte man eigentlich auf den Mond
schießen. Das sind dann die, die andere gern als „Wich-
ser" bezeichnen, sich dabei ganz großartig vorkommen
und keinen müden Gedanken an die jeweiligen Frauen
verschwenden, die angeekelt zurückbleiben und sich
übel benutzt vorkommen – sehr zu recht.

Über sexuelles Empfinden reden

Reden ist Silber, Schweigen ist Gold. Diese Erkenntnis ist wie vieles im Leben nicht schematisch anzuwenden. Es gibt auch hier den Fall, wo genau das Gegenteil wertvoller ist.

Im Grunde ist es unmöglich, Ratschläge dafür zu geben, was richtig ist. Jeder Mensch hat in seinem Kopf seine eigene Weltgeschichte und seine eigene Wahrheit, die in sich ebenso inkonsequent, widersprüchlich und unverständlich ist wie das Leben. Worte sind immer nur Annäherungen, denn jeder versteht ein wenig etwas anderes darunter. In jeder Beziehung treffen zwei Welten aufeinander, die sich nur scheinbar gleichen. In all dem, was wir gelernt haben, sind wir uns noch am ähnlichsten, weil wir von denselben Mustern gelernt haben. Reden wir aber über eigene Empfindungen, so tasten wir uns blind durch ein Labyrinth von Assoziationen. Empfindungen können wir ja nur durch den Vergleich mit unseren eigenen Erfahrungen einordnen und annäherungsweise verstehen. Die Chance, daß wir dabei eine hundertprozentige Übersetzung treffen, ist natürlich denkbar gering und entsprechend häufig sind die Mißverständnisse. Reden wir deshalb so selten miteinander über unsere sexuellen Empfindungen? Auffällig ist, daß man über fast alles andere gefahrloser reden kann.

113

Das liegt zum einen daran, daß man dabei mit allerhand Konventionen „bekleidet" ist, mit unverfänglichen Begleitumständen, hinter denen man allzu persönliches verbergen kann. Beim Sex jedoch ist man auch im übertragenen Sinn nackt. Alles zählt eins zu eins. Alles meint, was es meint. Jeder Satz liegt auf der Goldwaage und sagt klar und deutlich: so bin ich. Selbst in Beziehungen, in denen viel und ehrlich miteinander gesprochen wird, liegt über dem sexuellen Empfinden ein schamhafter Schleier, der uns zu Metaphern, zu mehr oder weniger blumigen Umschreibungen greifen läßt, um unsere als peinlich empfundene Nacktheit so gut es eben geht aus dem Blickfeld zu drehen. Die Sexualität ist ganz extrem abhängig von Stimmungen, von einem berauschenden Gefühlsgewebe, welches leider so beschaffen ist, daß es sehr leicht reißt. Tut es das, ist schnell alles vorbei. Sind wir deshalb ständig emsig dabei, mit der Nadel der Beschwichtigung hier und dort zu flicken?

Zum anderen, und das ist wahrscheinlich der Hauptgrund, liegt die Schwierigkeit des Partnergesprächs über sexuelles Empfinden natürlich daran, daß alles, was man sagt, den anderen direkt betrifft und wie man bei Gericht sagt, gegen einen verwendet werden kann. Das betrifft auch andere Bereiche des Lebens. Oder würden Sie mit ihrem Chef unbefangen über Unlustgefühle bei der Arbeit reden? Wer einmal die Erfahrung gemacht hat, daß ein offenes Eingestehen sexueller Ängste oder Schwierigkeiten vom Partner falsch ausgelegt oder gegen einen verwendet wurde, der findet nur schwer zur notwendigen Offenheit zurück.

In den existentiellen Angelegenheiten, und Sexualität ist ganz ohne Frage eine existentielle Angelegenheit, treffen uns Mißverständnisse besonders schmerzlich. Es gibt kaum eine größere Verzweiflung als die, wenn man feststellen muß, daß der andere einen trotz größter Anstrengung, sich zu erklären, nicht versteht. In solchen Momenten wird die Verschiedenartigkeit der Menschen, ihrer inneren Welten, besonders deutlich und als unüberwindbar empfunden. Trotz oder Wut oder gänzliches Verstummen sind die Reaktionen. Besonders die Frauen können ein Lied davon singen, wie ihre Partner gerade dann in ein stumpfsinniges Schweigen verfallen, oder sich in kindischem Trotz verhärten.

Hinzu kommt, daß wir selbst nicht so recht wissen, wer wir eigentlich sind. Haben Sie nicht auch das Gefühl, daß Sie nicht eine einzige klar umrissene Persönlichkeit sind, sondern ein schillerndes Gebilde aus mehreren? In unserem ganzen Leben spielen wir Rollen, die wir für unser Leben halten und die auch tatsächlich unser Leben ausmachen. Wir spielen den verantwortungsvollen Bürger, den liebevollen Vater oder die umsichtige Mutter, den erfolgreichen Unternehmer, den sicheren Diskussionsredner, die selbstsichere Chefin, den witzigen Unterhalter, die perfekte Organisatorin oder den einfühlsamen und virtuosen Liebhaber. Bei alledem aber haben wir immer das beklemmende Gefühl, jemand könne uns auf die Schliche kommen. Selbst dann, wenn es eigentlich kaum einen Verdacht gibt, zwischen dem was wir sind und dem was wir zu sein vorgeben, bestünde irgendein Unterschied. Ein Leben voller Masken. Unser Wort „Person", womit wir das eigentliche Individuum bezeichnen, stammt von dem griechischen Wort „Personae" und bedeutet „Maske". Unsere sexuelle Maske abzulegen, scheuen wir uns am meisten, denn dahinter erwarten wir die reinste Zumutung, die jede Partnerin und jeden Partner fluchtartig aus dem Bett zu vertreiben droht. Unsere eigenen sexuellen Gedanken scheinen uns selbst viel zu dunkel, obszön und verrucht, als daß wir uns mit ihnen in der Öffentlichkeit, und sei es nur gegenüber dem Lebenspartner, zeigen möchten. Lieber spielen wir weiter unsere Rolle, auch wenn wir Gefahr laufen, uns dabei schließlich selbst etwas vorzumachen oder in einem anderen Stück zu landen, das mit dem hier und heute aufgeführten nur noch wenig oder nichts mehr zu tun hat. Hauptsache, wir retten – recht bildlich – unsere Haut.

Andererseits - und damit sind wir bei den Bildern von denen eingangs gesprochen wurde, den Bildern, die wir uns von den anderen machen - können wir immer wieder staunend feststellen, daß die anderen gerade in Situationen existentieller Ehrlichkeit oftmals ganz anders reagieren, als wir befürchtet haben. Das ist unsere große Chance, Aufrichtigkeit und Mut zu wagen und uns in einem solchen Gespräch auch selber ein Stück besser zu verstehen. Ein solcher Austausch schafft einige neue Anknüpfungspunkte und neue Verbindungen, die meistens sogar dazu führen, daß die anschließende körperliche Kommunikation, als Fortsetzung des Gesprächs mit anderen Mitteln, von seltener Intensität ist und zu außerordentlichen Glücksgefühlen führt. Das, so meinen wir, ist allemal das Risiko wert.

Wie sehr das offene Gespräch über sexuelle Probleme hilft, diese zu überwinden und das offene Gespräch über sexuelle Wünsche und Vorlieben zu außerordentlichen Erlebnissen führen kann, zeigt die Geschichte von Alfred, einem 32-jährigen Kfz-Meister.

Alfred war vor drei Jahren geschieden worden und hatte seitdem allein gelebt. Bei seinen gelegentlichen Abenteuern war es immer wieder zu Potenzstörungen gekommen, so daß er immer mehr Scheu entwickelte, es mit seinen Bekanntschaften zum äußersten kommen zu lassen. Seit einiger Zeit war er nun mit einer jungen Frau zusammen, die er gerne mochte, und mit der es im Bett auch so leidlich klappte. Eines Tages lernte er bei ihr zuhause ihre Freundin kennen. Im Gespräch, das irgendwann auch auf's Erotische kam, merkte er, daß sie sexuellen Dingen gegenüber sehr aufgeschlossen und äußerst unkompliziert war. Ihre Art, offen über diese Dinge zu reden, gefiel ihm. In der Folgezeit traf er sich mehrmals mit ihr alleine, und wie die Dinge lagen, kam das Gespräch immer ziemlich schnell auf Sex. Sie fragte ihn mit provozierender Offenheit und offensichtlichem Vergnügen, ob er eine Frau schon mal nur mit der Zunge zum Orgasmus gebracht oder sie in den Arsch gefickt oder ihr in den Mund gespritzt habe. Oder sie fragte ihn, ob umgekehrt eine Frau ihm schon mal einen geblasen oder einen Finger in den Hintern gesteckt oder sich vor seinen Augen einen runtergeholt habe, was er größtenteils verneinen mußte. All diese Themen besprach sie detailliert und kenntnisreich mit ihm. Dabei kamen dann auch immer wieder seine Probleme mit der Erektion zur Sprache. Sie meinte, daß das alles nicht so schlimm und sicher zu beheben sei. Schließlich schlug sie ihm vor, es doch einfach mal auszuprobieren. Also traf man sich bei ihr, und übte Geschlechtsverkehr. Es wurde zu einer regelrechten Unterrichtsstunde mit einer Expertin. Zwar hatte er auch bei ihr anfänglich die Angst, zu versagen, doch unter ihrer Regie klappte es schließlich vorzüglich. An vielen Wochenenden erlebte Alfred mit ihr sein sexuelles Himmelreich. Er erlebte mit ihr, was er sich bisher höchstens in der Phantasie ausgemalt hatte. Er genoß es sogar, daß sie ihn ganz offensichtlich nur zum Ficken benutzte, ohne weitere emotionale Bindungen und er verhielt sich entsprechend. Es störte ihn auch nicht, daß sich im Laufe der Zeit herausstellte, daß das Vögeln für sie ein Lebenselexier war und sie bereits mit über 150 Männern geschlafen hatte.

Auch Herbert, ein 46-jähriger Redakteur erlebte seine sexuelle Sternstunde, als er nicht nur offen mit seiner neuen Freundin, einer jungen, ungezwungenen Kollegin, über seine Störungen redete, sondern sich regelrecht ihrer Führung überließ. Nach einer gemeinsamen Nachtschicht ging er mit zu ihr und trotz der Übermüdung kam sie gleich zur Sache. Sie wollte ihm unbedingt einen blasen. Er wehrte anfangs ab: zu müde. Doch sie ging unbekümmert an's Werk. Schließlich gab er jeden Widerstand auf. Zumal als sie ihm zu verstehen gab, daß sie jetzt nicht im Gegenzug befummelt werden wollte. Er solle sich jetzt einfach mal entspannen und sie machen lassen. Große Hoffnung, daß sie bei ihm zum Erfolg kommen würde, hatte er zwar nicht, aber das war ihm in diesem Moment auch egal. Was er nicht für möglich gehalten hatte, trat ein. Nicht nur, daß er die ganze lange Zeit über einen prächtigen Ständer hatte, sondern auch noch den Orgasmus seines Lebens erlebte, als er endlich in ihrem Mund kam.

Man könnte fast das Motto der Zen-Bogenschützen als Vergleich heranziehen: Absichtslos ins Ziel treffen.

Plötzlich geht's nimmer

„The spirit indeed is willing, but the flesh is weak" sagt St. Matthew, und natürlich hat er wirklich recht, wie die folgenden Beispiele ebenfalls deutlich zeigen.

Einige der von uns befragten Männer klagen weniger darüber, daß sie anfangs keinen Steifen bekämen, als vielmehr darüber, daß er ihnen während des Vögelns abhanden kommt. Sind die Startschwierigkeiten noch gut durch äußere Umstände entschuldbar, zumal wenn's dann später doch noch klappt, plagt denjenigen, dem er mittendrin abschlafft, die Sorge, seine Partnerin könnte das als mangelnde sexuelle Attraktivität ihrerseits verstehen und entsprechend beleidigt sein. Naheliegend und verständlich ist diese Interpretation ja durchaus. Aber erläutern wir die ganze Sache einfach an einem Beispiel.

Peter, ein Ingenieur mittleren Alters, ist seit langer Zeit mit der Leiterin einer Erziehungsberatungsstelle verheiratet, einer, wie er sagt, sehr attraktiven, klugen und einfühlsamen Frau. Sie ist für ihn das, was man als Lebensglück bezeichnet, die Traumfrau schlechthin. Wie es in einer langen Beziehung durchaus nicht selten ist, hat die Sexualität nicht mehr den ersten Rang. Die Liebe erstreckt sich auf viele andere Bereiche des gemeinsamen Lebens und nährt sich von ihnen. Auch gab es schon mal die eine oder andere sexuelle Krise. Zur Zeit schlafen sie etwa einmal im Monat miteinander, manchmal öfter, manchmal aber auch seltener. Beide sind mit dieser Häufigkeit durchaus zufrieden und empfinden sie als mehr oder weniger angemessen. Durch den angespannten Tagesablauf der beiden findet die sexuelle Begegnung meistens nachts im Bett statt und entwickelt sich häufig spontan aus einer Schmuserei heraus. Alles läuft wunderbar und erregend. An der gegenseitigen starken Zuneigung besteht überhaupt kein Zweifel und beide kennen sich so gut, daß sie wissen, was der andere mag und was nicht. Irgendwann im Laufe der Liebkosungen hat sie dann Lust, sein hübsch steifes Glied in sich zu spüren und führt es bei sich ein. So vögeln sie eine Weile, bis er plötzlich merkt, daß seine Erektion nachläßt. Sogleich überkommt ihn gelinde Panik und er versucht, seinen Schwanz durch kramen im Bilderkasten seines Kopfes aufrechtzuerhalten, was ihm aber nicht gelingt. Dann hört man halt auf und er hilft ihr auf andere Weise, zum Orgasmus zu kommen. Nicht, daß seine Frau sich je beschwert hätte. Trotzdem bleibt bei ihm das Schuldgefühl zurück, sie sei enttäuscht, fühle sich sexuell nicht anziehend genug und dergleichen. Ähnlich ergeht es ihm, wenn seine Frau nach einigem Streicheln anfängt, ihm einen runterzuholen. Ist es anfangs sehr lustvoll, so spürt er doch irgendwann, daß sein Schwanz weicher und weicher wird und sie das Reiben dann einstellen muß. Auf seine Frage, ob es denn schlimm sei, daß er's nicht zu Ende hat bringen können, schüttelt sie den Kopf, nimmt ihn in die Arme und damit hat sich das Problem auch für's erste. Da ihm sowas allerdings häufiger passiert, sinniert er schon des öfteren darüber nach, ob er nun langsam impotent würde und was er dagegen unternehmen könnte. Allerdings hat er selbst den Eindruck, daß es ihm immer nur beim mechanischen Teil des Geschlechtsverkehrs passiert und daß er die Schwäche dadurch vermeiden könnte, daß er diesen mechanischen Teil einfach weniger mechanisch gestalten sollte.

Wahrscheinlich hat Peter damit durchaus recht. Offensichtlich ist es in solchem Fall wichtig, die Spannung aufrechtzuerhalten, das heißt ein gewisses Gefälle zwischen Erwartung und Erfüllung. Er sollte also die regelmäßige Bewegung verändern, langsamer werden, innehalten, den Schwanz zurückziehen oder tief in ihr verweilen lassen, um das intensive Körpergefühl wieder aufzubauen. Zur Not müßte er vielleicht etwas ganz anderes machen, zum Beispiel zum Streichelspiel zurückkehren. Jedenfalls nicht mit Gewalt etwas zu Ende bringen wollen, was so offensichtlich nicht zu Ende zu bringen ist.

Ist es in diesem Fall eher eine Frage der Handhabung und eine Störung, die mit gegenseitigem Aufeinanderzugehen zu beheben ist, so gibt es natürlich auch den Fall, wo alles zu spät ist, weil in dem Verhältnis der Partner etwas Grundsätzliches nicht stimmt.

Michael, ein 37-jähriger angestellter Architekt, hatte sich im Büro in eine 19-jährige Technische Zeichnerin verliebt. Es war Sommer, und die süßen Brüste des Mädchens zappelten bei jedem Vorbeigehen derart verlockend unter dem T-shirt herum, daß er an gar nichts anderes mehr denken konnte. Nach allem, was er bei seinen verstohlenen Blicken erahnen konnte, hatte das Mädchen gerade solche Brüste, wie er sie am allerliebsten mochte. War es zum einen dieser direkte sexuelle Reiz, der ihn verwirrte, so war es zum anderen auch die Ungebundenheit, mit der die junge Frau lebte. Nach Feierabend verabredete sie sich mit einer Freundin mal ins Café, mal ins Kino, während er als Leiter der Entwurfsabteilung Überstunden machen mußte und nach Feierabend versuchte, durch Teilnahme an Architektur-Wettbewerben eine Chance zur Selbständigkeit zu erlangen. Die junge Frau begann also für ihn nicht nur eine sexuelle Wunschvorstellung, sondern auch Freiheit und Unbeschwertheit zu symbolisieren. Es entspann sich eine diskrete Geschichte. Diskret und vorsichtig nicht nur, weil Michael kein Draufgänger war, sondern auch, weil es immer schwierig ist, wenn im Büro mit Kollegen was läuft. Er umwarb sie mit Aufmerksamkeiten, liebevoll angefertigten Geschenken, ging mit ihr aus, führte lange Gespräche mit ihr und hatte durchaus das Gefühl, daß er ihr sehr sympathisch sei. Allerdings machte sie ihm schnell klar, daß Sex mit ihm für sie irgendwie nicht in Frage käme. Aber was sagt eine solche Äußerung einem, der bis über beide Ohren verliebt ist. Er verdoppelte nur seine Anstrengungen. Es wurde für ihn DIE Herausforderung. Zumal sie ihm durch ihre Erzählungen den Eindruck vermittelte, daß sie durchaus scharf auf Sex war. Immer wieder breitete sie ihren Kummer vor ihm aus, wenn sie mal wieder mit einem aus der Disco abgeschleppten Lover ein Desaster erlebt hatte. Ihre Klagen über selbstsüchtige und gefühllose Männer schnitten ihm jedesmal ins Herz, und am liebsten hätte er ihr jedesmal geantwortet, daß ihr das mit ihm nicht passieren würde, wenn sie ihn nur ließe. Doch auf sein Verlangen angesprochen, erklärte sie ihm, daß sie ihn sehr, sehr gerne möge und es sehr genießen würde, daß er anders sei als eben jene Männer. Sie habe zuviel Angst davor, daß Sex gerade diese schöne Freundschaft zwischen ihnen zerstöre, sie sozusagen auf Normalniveau herabziehen würde. Dieses Argument schmeichelte ihm zwar einerseits, brachte ihn aber nicht davon ab, daß mit der Zeit auch Rat, das heißt Tat, käme. Wenn sie sich mit ihrer Kollegin zum gemeinsamen Abendessen in der Badewanne verabredete, hätte er platzen können vor Eifersucht – warum nicht mit ihm? Er und sie nackt in der Badewanne und diese Traumbrüste direkt und greifbar vor seiner Nase. Das ging also eine ganze nervenzehrende Weile so, bis sie sich eines Abends, während eines Spaziergangs am Badesee bereiterklärte, mit ihm zu baden – nackt natürlich. Unser Michael war schier aus dem Häuschen. Zwischen übermütigem Geplansche vorsichtige Zärtlichkeiten, und als sie dann in der Dunkelheit vor ihm aus dem Wasser stieg, schien ihre Silhouette ihm ergreifender und begehrenswerter als die der Aphrodite. Auf der einsamen Bank dann handfestere Annäherungsversuche aber... sie hatte plötzlich Kopfweh. Überhaupt hier in der Öffentlichkeit, sie sei total überfordert und irgendwie könne sie jetzt nicht. Also zog man sich an und trollte sich. Unterwegs erreichte er, daß er noch mit zu ihr könne, einen Tee trinken und ... (vielleicht ja doch, hoffte er). Der Tee war bald getrunken und was sollte man schließlich mit der angebrochenen Nacht tun ... also gut, okay, sie war einverstanden. Man zog sich wieder aus, Michael fraß ihre herrlichen Brüste fast auf und hatte eine eisenharte Latte, die ihm vor Erregung fortwährend zuckend gegen den Bauch klatschte. Von einem Augenblick zum nächsten fand jedoch mit ihr eine Veränderung statt. Aus seiner angebeteten Kollegin wurde so etwas wie eine mechanische Puppe. Runter auf die Knie, Schwanz in den Mund, rein-raus, rein-raus, als hätte ihr einer ein Fünfmarkstück in einen Geldschlitz auf dem Rücken geworfen und nun lief das ritualisierte Sexprogramm Marke Standard ab, unaufhörlich, kalt und fremd. Es dauerte keine fünf Minuten und aus seinem Prachtständer war das kleine, unscheinbare und verschreckte Schneckchen geworden, das sich lieber im Schamhaar verstecken als an dieser lieblosen Veranstaltung teilnehmen wollte. Er versuchte es also nochmal mit einer Teepause. Aber auch danach kam es nur zu einem ebenso befremdlichen Versuch, sein halbsteifes Glied in die trockene Möse der jungen Frau zu würgen, einige schmerzhafte Stöße und aus und vorbei. Am nächsten Tag lief er dann wie zum Hohn von morgens bis abends mit einem schmerzenden Steifen herum.

Wie sehen Frauen das Malheur?

Wir wissen natürlich nicht, was alle Frauen denken und ebensowenig, was alle Männer denken. Eine kleine Auswahl von Frauenstimmen wollen wir in diesem Kapitel dennoch vorstellen.

Normalerweise scheinen Frauen damit viel verständnisvoller und undramatischer umzugehen, als viele Männer denken. Einige der befragten Frauen sehen darin nicht einmal einen Nachteil. So sagte Susanne, eine 35-jährige Lehrerin, daß sie es ohnehin leid sei, wenn allzu potente Burschen mit ihrem steifen Schwanz nichts Besseres vorhätten, als ihn möglichst rasch in ihrer Möse unterzubringen und dann nach fünf Minuten der Sex für sie erledigt sei. Sie hätte mehr Spaß an Männern, die selber etwas Zeit bräuchten und wegen ihrer Schwäche auch andere Sachen mit ihr anstellten, zum Beispiel sie lange und liebevoll lecken, oder einfach nur ausgiebiger schmusen würden. So käme sie jedenfalls zu lustvolleren Empfindungen und die Störung erledigte sich nach einiger Zeit meistens eh von selbst. Außerdem seien solche Männer häufig weniger auftrumpfend und würden sich auch eher von der Frau führen lassen, was nicht nur ihr mehr Vergnügen bereitete, sondern auch den Sex abwechslungsreicher machte.

Karin, die 40-jährige Ärztin, empfindet es jedesmal als Erleichterung, wenn ein Mann auch mal nicht kann. Da sie selber einige Anlaufzeit braucht, ist sie sonst immer eher von Selbstzweifeln geplagt, ob mit ihr auch alles in Ordnung sei, und Sex geriete ihr deshalb oft zum Streß. Hätte der Mann auch seine Schwierigkeiten, seien die Voraussetzungen immerhin gleich, und man könne gemeinsam das Beste draus machen, was dann für beide einfach befriedigender sei. Ganz nach der alten Volksweisheit: geteiltes Leid ist halbes Leid.

Dagegen ist Monika, die Tochter aus gutem Hause, für die es Familientradition ist, daß man etwas leistet und Schwierigkeiten weniger dazu da sind, daß man über sie redet, als daß man sie überwindet, ganz anderer Meinung. Sie empfindet es geradezu als Affront, wenn ein Mann nicht mit einer funktionsfähigen Erektion antritt. Zudem behauptet sie, daß bei ihr noch nie ein Mann versagt hat und daß sie das auch in Zukunft erwartet. Schließlich müsse man auch seine Arbeit kompetent erledigen.

Die Geologin Renate (34) andererseits sieht in der Erektionsschwäche eher einen Liebesbeweis. „Der arme Kerl ist vor Verliebtheit so aufgeregt, daß er gar nicht weiß wo oben und unten ist, kein Wunder, wenn er ihm vor lauter Verwirrung erstmal nicht steht".

Eine der befragten Frauen schrieb uns: „Wozu ist solch ein Buch überhaupt nütze? Jeder Mann – jede Frau hat doch diese bestimmte Situation schon mal erlebt – zumindest die etwas Älteren. Da ist der Wunsch so sehr da, möglicherweise übermäßig – und plötzlich, du glaubst es nicht – ist alles weg: der Wunsch nach Fleisch in Fleisch. Du möchtest einfach nur Arm in Arm liegen, oder im Regen spazieren gehen, oder einmal um den großen See laufen. Warum darüber schreiben? Ist doch eine alte Erfahrung von Müttern, Großvätern und den ganzen Urahnen. Warum soviel Wind darum machen? Genausogut könnte man darüber schreiben, wie es war, als einem der Arm einschlief – einfach so – oder wie es war, als man zur unpassenden Zeit gepupst, oder gerülpst hat, das falsche Besteck genommen oder ... Ich meine, es gibt gar keine Impotenz. Vielmehr ist es so, daß nur die Erwartungen nicht zum jeweiligen Zeitpunkt sofort erfüllt werden müssen. Vielleicht etwas später. Wenn es klappen muß, ist es sowieso nicht wert, daß man es macht – überflüssig wie ein dritter Arm."

Wir zitieren diesen Brief im Originalton, weil er sehr anschaulich zeigt, wie unaufgeregt Frauen hin und wieder mit dem ach so großen Problem umgehen können und daß wir es ihnen an Gelassenheit darin nachtun sollten.

Allerdings, eines sollte man angesichts dieser „beruhigenden" Mitteilungen nicht vergessen. Frauen sind zum einen immer noch besonders dazu erzogen, sich mit einer Situation abzufinden, nachsichtig zu sein und zurückhaltend. Frauen werden also so schnell niemanden öffentlich dafür anmachen, daß er in ihren Augen versagt hat. Zum anderen leiden Frauen selber in erheblichem Maße an Versagensängsten. Sie kennen diese Situation also nicht nur selber sehr gut, sondern sie neigen aus ihrem eigenen Unzulänglichkeitsempfinden dazu, sich auch noch selber die Schuld für das Mißgeschick des anderen zuzuschreiben. Kein Wunder also, wenn sie davon, daß sie das Unvermögen eines Mannes erleben, kein großes Aufheben machen. Ein Beispiel:

Beate, eine 32-jährige Archäologiestudentin, hat einen Freund, der unter Ejaculatio praecox leidet. Mit diesem putzigen lateinischen Fachbegriff bezeichnen Mediziner den vorzeitigen Samenerguß, einer der Impotenz verwandten Sexualstörung. Der Schniedel ist noch nicht ganz drin, da spritzt er auch schon los und das ganze Unternehmen endet, bevor es richtig begonnen hat. Nicht daß Beate, was nahe läge, zu ihrem Freund sagte: „Aber hallo Freund, was biste denn so aufgeregt, stimmt was nicht?" Nein. Sie bezieht das Malheur auf sich. Sie meint irgendwas bei ihr oder an ihr sei dafür verantwortlich, daß der Bursche das Vögeln nicht auf die Reihe kriegt. Im weiteren führt sie an, daß ihr Freund sich ihr unterlegen fühlt. Schön und gut, aber ist denn das ihre Schuld? Soll denn sie sich absichtlich kleiner und unbedeutender machen als sie ist, nur damit er sexuell zu Rande kommt?

Nun passiert es schon hin und wieder, daß gerade bei jüngeren und unerfahrenen Männern ein Schnellschuß losgeht. In den meisten Fällen aber funktioniert es dann eine halbe Stunde später beim zweiten Versuch. Überhaupt kein Grund also, deswegen zu verzweifeln. In dem wunderbaren Film „Die Vorleserin" versteht es die Titelperson denn auch recht gut, ihren fickrigen Liebhaber zur Ruhe und zum Gelingen anzuhalten denn, so ihr Motto: „In der Liebe soll man nichts überstürzen".

130

Der Seitensprung

Dies ist ein sehr beliebtes Thema, über das es
entsprechend viel zu plaudern gäbe. Doch wir
wollen uns etwas zurückhalten.

Der Seitensprung ist, so glauben wir, die Gelegenheit, bei der sich das Thema dieses Buches besonders
deutlich zeigt. Ein Seitensprung zeichnet sich ja eher
dadurch aus, daß er weniger durch Liebe als vielmehr
durch sexuelle Neugier ausgelöst wird. Das kleine erotische Abenteuer, möglichst ohne Weiterungen.

Holger, 28 Jahre und Student, erging es etwa wie
folgt. Bei einem Wochenendseminar entspann sich
schon gleich am ersten Tag ein anzügliches Geplänkel
mit einer der Studentinnen. Während des Essens fußelte
man verspielt unter dem Tisch. Beim Spaziergang durch
den Wald, nach dem Mittagessen, fummelte man dann
schon recht handgreiflich aneinander herum. Es war
also klar, heute noch ging man miteinander ins Bett. Als
man wieder in der Pension war, in der das Seminar
stattfand, ging er auf sein Zimmer, um sich noch ein
wenig auszuruhen. Bis zum Beginn der Nachmittags-
veranstaltung war noch eine gute Stunde Zeit. Kaum
hatte er sich hingelegt, da klopfte es an seiner Tür. Er
öffnete und herein schlüpfte seine Gespielin - mit leuch-
tenden Augen.

So konkret und so plötzlich, streichelte er doch eher etwas verlegen an ihr herum und versuchte dann, seine Verlegenheit dadurch zu überspielen, daß er erst mal anfing, sie auszuziehen. Sie glruckste und turtelte, nestelte derweil an seinem Hosenstall und beförderte einen klein und fein und schrumpelig verschnarchten Winzling ans Tageslicht, der auch in den folgenden zehn Minuten nicht den Anschein erweckte, als wolle er sich der gewünschten Metamorphose unterziehen. Peinlich, peinlich. Also aufs Bett geworfen und anständig rumge-knutscht, nur keine Blöße geben. Nach heftigem Rangeln und reichlich gespielter Gier war sein Bursche immerhin bereit, das Innere der nassen Möse in seiner unmittelba-ren Nähe einmal näher in Augenschein zu nehmen. Jetzt aber haste was kannste. Und mit einiger Anstrengung und mehr schlecht als recht gelang es ihm der feurigen Studentin jenes Stöhnen zu entlocken, das wenigstens er erleichtert als eine Art Orgasmus deuten konnte. Schwupps flutschte sein geschrumpftes Teilchen auch schon aus seinem glitschigen Behältnis in den wohlver-dienten Feierabend. Oh und Ah und Mmmm und Hach räkelte man dann noch eine Weile. Soweit war das denn ja noch mal gutgegangen.

So elegant konnte Max, der Maler, seine Irritation nicht verbergen. Er traf nach Jahren die Frau wieder, die ihn mit 18 verführt hatte. Sein sexuelles Erlebnis mit ihr, sein erstes überhaupt, war eine Wucht und eines seiner sexuellen Highlights. Mittlerweile war die Frau verheiratet. Ihren Mann fand er außerordentlich nett und er befreundete sich spontan mit ihm. Wie es so ist, ging beiden natürlich ihre gemeinsame Vergangenheit durch den Kopf und wurde jedesmal heftig wiederbelebt, sooft sie sich sahen, was dazu führte, daß sie ihn, als er die beiden besuchte und ihr Mann nicht zu Hause war, ins Bett lotste. Hin und her gerissen von der erregenden Erinnerung, die dabei war, wieder Wirklichkeit zu werden, und seinen Schuldgefühlen nicht nur gegenüber seiner eigenen Freundin, sondern auch und besonders gegenüber ihrem Mann, seinem Freund, versagte ihm sein Schwanz den Dienst. Alles Rummachen half nichts und nur ihre Unbekümmertheit, ob seiner Unfähigkeit und ihr fortgesetztes Schmusen, als ob nichts sei, halfen ihm darüber hinweg, vor Scham in den Boden zu versinken. Er gab sich jedenfalls große Mühe, ihr durch Streicheln, Lecken und geschickte Handarbeit über die, wie er meinte, große Enttäuschung hinwegzuhelfen.

Auch in diesem Fall ist es interessant, wie die Frau reagierte. Max sagte, daß er sich wunderte, als sie ihm sagte, er solle doch nicht zerknirscht sein, es sei doch wunderschön gewesen, auch mal Sex auf andere Art als die übliche zu haben. Ihr jedenfalls habe es sehr gut gefallen.

Wenn auch, wie gesagt, der Seitensprung in Bezug auf Potenzschwierigkeiten ganz besondere Tücken hat, so führt er doch nicht zwangsläufig dazu. Schließlich wollen wir ihnen nicht gleich allen Mut nehmen. Es war, glauben wir, der Literaturkritiker Marcel Reich-Ranitzki, der einmal gesagt hat: „Irgendwann wird man feststellen, daß man nicht mit allen Frauen der Welt schlafen kann. Das heißt aber nicht, daß man es nicht wenigstens versuchen sollte". In diesem Sinne erzählen wir Ihnen hier einfach noch eine erfolgreiche Geschichte, damit Sie für den Rest des Buches nicht die Nase hängen lassen.

Paul traf morgens, wenn er zur Frühschicht fuhr, an der Haltestelle am Hafen öfter eine junge Frau. Sie kam aus einer der Bars gegenüber der Haltestelle und fuhr nach ihrer Nachtschicht nach Hause. Irgendwann kam man ins Gespräch und weil sie eben aus einer Nachtbar kam, zwangsläufig auch auf DAS Thema: Sex. Wir müssen vorausschicken, daß Paul verheiratet war und eigentlich ein intaktes Sexleben hatte. Nur daß seine Frau es besonders liebte, wenn er beim Vögeln ruhig in ihr steckte und sich nicht bewegte, ging ihm etwas auf die Nerven. Sie redete immer was von Scheidenmuskulatur und daß sie ihn damit massieren wolle. Nur spürte er davon eher nichts. Paul war ein moderner Mann und wollte ihr durchaus ihren Willen und ihr Vergnügen lassen. Doch zurück zur Haltestelle.

Nach einigen Wochen schließlich lud seine neue Bekanntschaft ihn ein, sie doch mal in der Bar zu besuchen. Dort gäbe es hübsche Séparées und man könne dort viel amüsanter über Sex plaudern. Dazu zwinkerte sie schelmisch mit dem rechten Auge. Also gesagt, getan. Paul besuchte sie so gegen zehn Uhr abends. Seine Ausrede zu Hause kennen wir allerdings nicht, denn die hat er vergessen uns zu erzählen. Anfangs schaute man sich zusammen die ständig laufenden Pornofilme an und kommentierte was einem gefiel. Das Gespräch wurde mit reichlichen Handbewegungen am Körper des jeweils anderen unterstrichen, so daß man schnell handelseinig wurde, die Unterhaltung ins Séparée zu verlegen.

Er gab ihr das Geld für den obligaten Asti Spumante. Sie zog los und er sich aus. Als sie zurückkam mit Getränk und Geld (sie wollte ihn ja für das gemeinsame Plaisir nicht ärmer machen) saß er schon nackt auf dem großen Sofa und hatte erwartungsvoll seinen Ständer in der Hand. Das Gespräch wurde dann, als auch sie sich ausgezogen hatte, viel war es ja nicht, was sie dazu ablegen mußte, nur noch körperlich fortgesetzt. Paul war noch ganz auf die Art und Weise eingestimmt, wie er mit seiner Frau schlief und ging entsprechend behutsam zu Werke. Das war ihr aber entschieden zu wenig. Sie feuerte ihn also an, es ihr doch bitte heftiger zu besorgen und Paul erinnerte sich, daß er auch schon mal wilder gefickt hatte. Er taute richtig auf und legte sich ordentlich ins Zeug, bis sie quiekte und gurgelte und heftig kam. Was dann bei ihm ebenfalls den Orgasmus auslöste. Das Erlebnis war derart befreiend für ihn, daß er, wie er sagte, in hohem Bogen sein Sperma verschoß, bis in die Gardinen.

Zum Sex
gehören immer zwei

Dieses Kapitel handelt wie man sieht nicht von Onanie – und doch. Wenn man sich nämlich beim Sex nicht aufeinander einläßt, gerät die Veranstaltung doch nur zu einer Art Masturbation.

Zum Sex gehören also immer zwei, sagen wir. Sicher, manchmal auch mehr, doch wann kommt das schon mal vor. Im Grunde ist das Problem des einen immer auch das Problem des anderen. Das heißt, beide sind davon betroffen. Sorgt sich der Mann, daß er die von ihm erwartete Leistung auch richtig bringt, sorgt sich die Frau, ob sie für den Partner auch erregend genug ist, damit er diese Leistung bringen kann. Zweifelt der Mann an sich, weil er partout keinen Steifen kriegt, zweifelt die Frau an sich, weil er sie offensichtlich nicht attraktiv genug findet, sonst könnte er doch. So hocken dann immer zwei ratlose Menschen da und drucksen an ihrem Problem herum. Die fehlende Erektion ist aber, wie wir gesehen haben, weit weniger das Problem. Das Problem ist vielmehr häufig der Umgang mit ihr. Schließlich sind weder Mann noch Frau Roboter, bei denen man nur einen Hebel umzulegen braucht und schon funktioniert der Sex nach Fahrplan und ohne Störungen. Das Pfadfindermotto „Allzeit bereit" gehört

in Bezug auf den Sex zu den Wunschträumen oder Alp-
träumen, ganz wie's grad kommt. Das geflügelte Wort
vom Appetit, der mit dem Essen kommt, ist auch für's
sexuelle Miteinander gültig. Läßt man sich genügend
Zeit und erwartet man weder vom anderen noch von
sich selbst, daß jetzt die Nummer des Jahrhunderts
ansteht oder geht man davon aus, daß man wie bei
einem guten Gespräch erstmal das Thema einkreisen
und langsam den entscheidenden Faden finden muß,
dann wird vieles leichter. Jeder Mensch ist verschieden,
bei aller scheinbaren Gleichheit. Der Teufel steckt eben
im Detail, wie immer, und jeder Mensch funktioniert
anders. Deswegen wird man immer Gefahr laufen,
Schiffbruch zu erleiden, wenn man bei Dingen, die zwei
Menschen miteinander zu tun haben schematisch vor-
geht. Das gilt ganz besonders für Sexuelles. Das sexuelle
Empfinden und Erleben ist verknüpft mit einem riesigen
Arsenal von ganz persönlichen Erinnerungen, Freuden
und Verletzungen, Wünschen und Enttäuschungen, die
alle irgendwie anklingen und im Hintergrund mitschwe-
ben. Sie geben der persönlichen Sexualität so eine Art
Erkennungsmelodie. Es gehört sicher zu einem guten
Liebhaber oder einer guten Liebhaberin, daß er oder sie
in der Lage ist, die Melodie des anderen zu erkennen, sie
sich entfalten zu lassen und nicht mit der eigenen zu
übertönen. Schließlich soll der Geschlechtsverkehr eher
ein Duett als ein Solo werden, und da muß man sich
schon aufeinander einlassen.

Und wenn alles nichts hilft?

Im Fernsehen heißt es in der Medizinwerbung immer: „Bitte lesen Sie die Packungsbeilage oder fragen Sie ihren Arzt oder Apotheker." Okay, die Packungsbeilage haben Sie jetzt hinter sich.

Impotenz ist ein Begriff, der erstmal alles meint und nichts genaues sagt. Das Spektrum reicht allgemein gesagt vom gelegentlichen Hänger, über häufiges Versagen bis zur, salopp ausgedrückt, „absoluten toten Hose". Das, was wir in diesem Buch versuchen aufzuzeigen, reicht sicherlich, um in den meisten Fällen, mit dem Problem fertigzuwerden. Jedenfalls wünschen wir Ihnen das. Wir versprechen Ihnen wie gesagt nicht, daß Sie das Problem nie wieder haben, wir empfehlen Ihnen ja keinen Trick, mit dem Sie Ihr bestes Stück garantiert und immer hochkriegen. Es wird Ihnen also auch in Zukunft immer mal wieder passieren. Das ist völlig normal und vielleicht auch gut so. Schließlich zeigt es, daß Sie ein durchaus normaler Mann sind, ein Mensch aus Fleisch und Blut und keiner aus Beton. Ein Mensch mit Gefühlen und Sensibilität im Leib und nicht einer mit einer Sprungfeder im Glied. Was wir versuchen, Ihnen zu vermitteln ist, daß das Problem keine Katastrophe ist, kein Grund, an sich zu zweifeln und kein Grund, um in

Panik zu geraten. Versuchen Sie, die Ruhe zu bewahren und nicht mit dem Kopf durch die Wand zu gehen. Kümmern Sie sich vielmehr um ihre Partnerin. Die nämlich ist als „Außenstehende" sehr leicht zu verunsichern und neigt zu Selbstzweifeln, die jetzt ganz und gar nicht nötig sind. Schaffen Sie eine lockere Atmosphäre, so daß sie beide nicht verzagen. Zeigen und sagen Sie ihrer Partnerin, daß sie begehrenswert ist, damit sie sich nicht für die Panne verantwortlich fühlt. Seien Sie einfallsreich, denn Sexualität beschränkt sich nicht auf das Stöpselspiel, auch wenn Psychologen alter Schule das als unbedingtes Ziel von „reifem" Sex ansehen mögen. Nehmen Sie's spielerisch und genießen Sie die Zärtlichkeit und das Vergnügen. Niemand zwingt Sie, einem starren Ritual zu folgen. Am wenigsten die Frauen, die im angeblichen „Normalfall", wenn's mit der Erektion problemlos klappt, oft nicht auf ihre Kosten kommen. Kurz gesagt, lieben Sie mit dem Körper und reduzieren Sie sich nicht selbst auf ihre möglichen 16 oder 20 oder mehr Zentimeter, auch wenn Sie noch so stolz auf sie sind. Ihre Partnerin wird es Ihnen danken. Sie werden sehen, wenn Sie Ihren Schwanz einfach mal vergessen, wird er sich schon zu Wort melden. Dann wird auch das Stöpselspiel wieder funktionieren. Soweit, so gut.

Wenn Sie allerdings jedesmal Schwierigkeiten haben und alles Entspannen und aller Angst- und Streßabbau nichts helfen, dann haben Sie wirklich ein Problem. Der Arzt wird Ihnen sagen können, ob es sich dabei um ein physisches Leiden handelt oder ob Sie eine psychische Sperre haben. In letzterem Fall sollten Sie wirklich einen Therapeuten aufsuchen, denn dann ist der Grund für Ihr Versagen unter Umständen weniger ein sexueller als ein psychischer. Es gibt seelische Probleme, welcher Art auch immer, die sich auf verschiedenste Art bemerkbar machen. Das können nervöse Störungen sein, Eßstörungen, psychosomatische, also durch Krankheiten ausgedrückte, oder eben auch sexuelle Signale. Sie sollten das ernst nehmen. Da in solchen Fällen nicht unbedingt die Sexualität als solche die Ursache ist, müssen Sie mit einem erfahrenen Therapeuten zusammen versuchen, die eigentliche Ursache zu finden und zu behandeln. Wir sind allerdings der Meinung, daß die meisten Potenzstörungen zwar psychischer Natur sind, aber nur in schwereren Fällen eine Aufgabe für Therapeuten. Schließlich ist es ja auch unsinnig, wegen jeder Magenverstimmung gleich zum Internisten zu laufen.

Kapitel 31

Bilder – letzter Teil

Am Ende nochmals zu den Bildern. Zu ihren befreienden und einengenden Wirkungen und den Schlüssen, die wir daraus ziehen können und sollten.

„Bilder sind die Kerkermauern unserer Seele" sagt der Maler und Filmemacher Derek Jarman in seinem letzten Film „Blue". Was sich auf den ersten Blick, gerade bei einem Bilderproduzenten, fast absurd und widersinnig anhört, wird nach allem, was wir über Bilder gesagt haben doch recht gut verständlich. Bilder, Phantasien, Vorstellungen und Wünsche haben eine große Kraft in positiver wie in negativer Weise. Sie können beglücken und können uns niederdrücken. Sie können uns befreien und können uns behindern. Vielleicht können wir die Besessenheit von Malern und anderen Bildererzeugern auch als lebenslangen Kampf gegen die Bilderwut in ihren Köpfen verstehen. Ein Kampf, der darum geht, die Bilder aus dem Kopf zu vertreiben und das Leben zu finden.

Versuchen wir also in diesem Sinne unseren Körper wiederzugewinnen, das Leben in uns und dem anderen zu fassen, uns einzulassen auf den Tastsinn, den Geruchs- und Geschmackssinn, die Wärme oder Kühle, die Feuchtigkeit, kurz, lieben wir mit dem Körper mehr als mit dem Kopf. Vielleicht leben wir dann etwas besser.